Web·Programming·Git이 쉬워지는

Visual Studio Code Guide
비주얼 스튜디오 코드 가이드

Web · Programming · Git이 쉬워지는
Visual Studio Code Guide
비주얼 스튜디오 코드 가이드

VISUAL STUDIO CODE KANZEN NYUMON WEB CREATOR & ENGINEER NO SAGYO GA
HAKADORU SINSEDAI EDITOR NO AYATSURI KATA
Copyright © 2022 Impress Corporation, LibroWorks Inc.
All rights reserved.
First published in Japan in 2022 by Impress Corporation Tokyo
Korean translation rights arranged with Impress Corporation
through Shinwon Agency Co.

ISBN 978-89-314-7538-8

독자님의 의견을 받습니다
이 책을 구입한 독자님은 영진닷컴의 가장 중요한 비평가이자 조언가입니다. 저희 책의 장점과 문제점이 무엇
인지, 어떤 책이 출판되기를 바라는지, 책을 더욱 알차게 꾸밀 수 있는 아이디어가 있으면 이메일, 또는 우편
으로 연락주시기 바랍니다. 의견을 주실 때에는 책 제목 및 독자님의 성함과 연락처(전화번호나 이메일)를 꼭
남겨 주시기 바랍니다. 독자님의 의견에 대해 바로 답변을 드리고, 또 독자님의 의견을 다음 책에 충분히 반
영하도록 늘 노력하겠습니다.

파본이나 잘못된 도서는 구입처에서 교환 및 환불해 드립니다.

이메일 : support@youngjin.com
주 소 : (우)08507 서울특별시 금천구 가산디지털1로 128 STX-V타워 4층 401호
등 록 : 2007. 4. 27. 제16-4189호

STAFF
저자 리브로웍스 | **번역** 김은철, 유세라 | **총괄** 김태경 | **기획** 현진영 | **디자인 · 편집** 김효정
영업 박준용, 임용수, 김도현, 이윤철 | **마케팅** 이승희, 김근주, 조민영, 김민지, 김진희, 이현아
제작 황장협 | **인쇄** 예림

Web · Programming · Git이 쉬워지는

Visual Studio Code
Guide

비주얼 스튜디오 코드 가이드

리브로웍스 저
김은철·유세라 역

YoungJin.com Y.
영진닷컴

4

시작하면서

이 책을 손에 든 여러분은 Visual Studio Code(이후 VSCode)라는 도구에 대해 들어본 적이 있나요? 그리고 어떤 인상을 가지고 있나요?

「프로그래머가 사용하는 대단한 도구」「Visual Studio와 같은 무언가」… 이러한 인상은 모두 틀린 것은 아니지만, 대체로 「소프트웨어 개발자용의 도구이고, 사용하기 위해서는 전문적인 지식이 필요할 것 같다」라고 느끼는 분이 많지 않을까요?

VSCode는 Microsoft 사가 무료로 공개한 텍스트 에디터이지만, Visual Studio나 Android Studio 등 소프트웨어 개발을 위한 기능을 갖춘 IDE(통합 개발 환경)에 가까운 부분이 있는 것도 사실입니다. 따라서 전업 엔지니어용이라는 이미지가 앞서 진입 장벽이 높다고 느끼고 있는 분도 많을 것 같습니다.

그러나 VSCode는 소프트웨어 개발자 및 엔지니어만을 위한 도구가 아닙니다.

VSCode의 매력은 텍스트 편집이나 폴더 조작 등의 일상 업무부터 프로그래밍이나 버전 관리와 같은 본격적인 개발 업무까지, 모든 작업을 이것 하나로 완수할 수 있다는 점입니다.

만약 당신이 웹 크리에이터나 엔지니어로서 이 책을 읽고 업무에 VSCode를 도입한다면 효율적으로 작업을 진행할 수 있을 뿐만 아니라, 하루 업무를 마친 후, 그날에 작동한 앱은 웹 브라우저와 VSCode 뿐이었다고 말하는 날이 드물지 않게 될 것입니다.

그렇다고는 해도 Microsoft가 공개하고 있는 VSCode의 공식 문서에는 영어로만 접근할 수 있는 정보도 많고, 엔지니어용 설명서도 몇 권 나와 있으나 전제 지식이 없으면 읽는 데 어려움을 겪을 수도 있습니다.

이 책에서는 VSCode의 도입부터 본격적으로 활용하는 단계까지, 단계별로 그림으로 설명하면서 쉽게 설명합니다.

기본적인 설정 및 자기만의 방식으로 커스터마이즈하는 방법은 물론, 웹 제작 및 프로그래밍 전용의 기능도 스크린샷을 곁들여 단계별로 설명하므로 헤매지 않고 조작을 마스터할 수 있습니다.

각 CHAPTER의 구성은 VSCode의 기본적인 기능의 설명부터 시작하여, 그 후에 웹 제작 및 프로그래밍을 위한 기능을 소개하는 흐름으로 되어 있습니다.

앞으로 VSCode를 도입할 분은 CHAPTER1부터 읽고, 이미 사용하고 있으며 기본적인 조작 방법은 알고 있는 분은 개발 용도에 맞게 CHAPTER3~6의 자신에게 필요할 것 같은 부분을 읽으면 좋을 것입니다.

CHAPTER1 VSCode를 도입하자
CHAPTER2 기본적인 파일 편집을 해 보자
CHAPTER3 설정과 커스터마이즈를 이해하자
CHAPTER4 웹 제작에 최적화하자
CHAPTER5 프로그래밍에 최적화하자
CHAPTER6 VSCode에서 Git을 사용해 보자

이 책의 내용을 이해함으로써 매일의 업무를 VSCode로 수행할 수 있을 뿐만 아니라, 여러분이 일하는 방식 자체를 업데이트하는 데 도움이 되면 좋겠습니다.

목차

[CHAPTER 1] VSCode를 도입하자

웹 제작에 최적화하자

[
CHAPTER 5
프로그래밍에 최적화하자
]

VSCode에서 Git을 사용해 보자

CHAPTER 1

VSCode를
도입하자

#개요 설명 / #오픈 소스

section
01

코드 에디터의 새 기준,
Visual Studio Code

그 역사와 특징을
추적한다

Visual Studio Code는 단기간에 디팩토 스탠다드가 된 코드 에디터입니다. 오픈 소스 등의
다양한 기술 트렌드를 수용하고 있습니다.

IDE보다 가볍고, 과거 에디터보다 풍부한 기능

Visual Studio Code(비주얼 스튜디오 코드, 앞으로 VSCode)는 Microsoft 사가 무료
로 공개하고 있는 텍스트 에디터입니다. 실제로는 완전히 다른 앱이지만, Microsoft 사
의 전통 있는 IDE(통합 개발 환경)의 「Visual Studio」의 이름을 계승하고 있습니다.

VSCode의 다운로드 페이지

VSCode와 같이 프로그래밍이나 웹 제작 등에 적합한 텍스트 에디터는 **코드 에디터**
라고도 합니다. 코드 에디터는 예전부터 여러 개가 병존했고, 특별히 표준이 되는 존재
도 없었으나, 최근 몇 년 사이에 단번에 VSCode의 사용자가 증가하여 디팩토 스탠다
드(업계 표준)가 되고 있습니다.

인기의 비밀을 찾기 위해 VSCode의 특징을 열거해 봅시다.

- 무료로 배포되고 있다
- 오픈 소스 소프트웨어로 개발되고 있다
- 크로스 플랫폼이다(Windows, macOS, Linux 대응)
- IDE보다 가볍다(동작이 빠르다)

- 풍부한 확장(Extension)이 있으며, IDE와 견줄 수 있는 수준까지 강화할 수 있다
- 업데이트가 빈번(개량이 빠르다)
- 표준으로 Git을 통해 버전 관리를 지원하고 있다
- 멀티 커서 등 강력한 편집 기능을 가진다
- 웹 기술(JavaScript 등)을 기반으로 하고 있다

알기 쉬운 특징만 골라내면 「무료이면서 가볍고 기능이 풍부」하기 때문에 유행하는 것이 당연하다고도 느껴집니다. 하지만 그것만으로 스탠다드가 될 수 있을 정도로 에디터의 세계는 만만하지 않을 것입니다. 좀 더 파고 들어가 봅시다.

VSCode는 최신 기술 트렌드를 모두 갖추고 있을까?

VSCode의 특징을 살펴보면 오픈 소스 소프트웨어 등의 기술 트렌드를 모두 수용하고 있다는 점입니다. **오픈 소스 소프트웨어(Open Source Software, OSS)**란 프로그램의 소스 코드(Source Code, 근원이라는 의미)를 공개하며, 누구나 자유롭게 개발하는 소프트웨어를 말합니다. 오픈 소스라고 해서 반드시 그렇지는 않지만, 흐름을 잘 타면 무료이면서 기능을 충분히 갖출만큼 자주 업데이트되어 확장 등도 풍부한 소프트웨어 프로젝트로 성장합니다. 그런 점에서 VSCode는 성공적으로 흐름을 탔다고도 할 수 있을 것 같습니다.

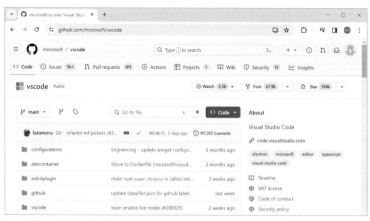

GitHub에 공개되어 있는 VSCode의 소스 코드

두 번째 특징은 표준으로 버전 관리 시스템인 Git(깃)을 지원한다는 점입니다. Git은 Linux(리눅스)를 개발할 때에 생겨난 것으로, 여러 사람이 개발을 원활하게 할 수 있도록 소스 코드를 관리합니다. 오픈 소스 소프트웨어의 개발에 널리 사용되고 있으며, 그 소스 코드의 대부분은 Git 기반의 웹 서비스인 GitHub(깃허브)에 모이고 있습니다. 즉, VSCode는 오픈 소스 소프트웨어의 개발에도 적합하다고 할 수 있습니다.

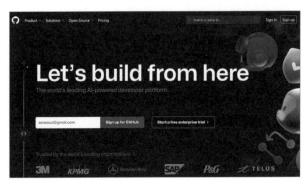

소스 코드 공유 사이트 GitHub

세 번째 특징은 웹 기술을 기반으로 한다는 점입니다. VSCode는 Electron(일렉트론)이라는 프레임워크(앱의 뼈대를 말함)로 개발되고 있습니다. Electron은 Node.js(노드 닷제이에스)와 Chromium(크로뮴)을 조합한 것으로, Node.js는 JavaScript 실행 환경, Chromium은 Google Chrome의 핵심 부분이기 때문에 요컨대 데스크톱상에서 작동하는 웹 애플리케이션과 같은 것입니다. 그 덕분에 Windows, macOS, Linux의 3가지 환경에서 동작하는 크로스 플랫폼을 실현하고 있습니다.

우여곡절도 있었던 스탠다드까지의 여정

VSCode는 현재의 모습으로 갑자기 등장한 것이 아닙니다. 처음 등장했을 때는 앞서 나가던 코드 에디터 Atom(아톰)과 비슷한 프로젝트로 여겨졌으며, 그 Atom은 셰어웨어인 Sublime Text(서브라임 텍스트)에 강한 영향을 받고 있습니다. 코드 에디터의 유행과 쇠퇴를 살펴보면 VSCode는 이길 만해서 이겼다기보다는 어느새 라이벌이 사라지고 표준이 되었다는 인상도 받습니다.

Sublime Text는 2008년 공개된 유료 코드 에디터로, 혁신적이며 다양한 기능으로 인기를 끌었습니다. VSCode의 멀티 커서 및 미니맵, JSON에 의한 유연한 설정, 확장의 구조 등은 Sublime Text에도 있으며, 앞서 Sublime Text를 사용한 경험이 있으면 위화감 없이 VSCode에 적응할 수 있을 것입니다.

VSCode의 멀티 커서. 커서를 늘려 여러 곳을 동시에 편집할 수 있다

그 뒤를 이은 Atom은 GitHub사가 개발한 오픈 소스 소프트웨어로, 기능면에서는 Sublime Text의 영향을 받았지만, 가장 큰 특징은 개발에 웹 기술인 Electron이 사용되었다는 점에 있었습니다. VSCode 개발에도 사용되고 있는 Electron은 원래 Atom을 위해 만들어진 것입니다.

그 후에 Electron 기반의 코드 에디터가 몇 개 등장했고, 그중 하나가 2015년 VSCode였습니다. 코드 에디터로서는 후발이었지만, 그 성장은 놀랍게도 단기간에 Atom과 어깨를 나란히 할 정도의 수준에 도달했습니다. GitHub 사는 2018년에 Microsoft에 인수되었고, Atom의 업데이트 속도가 둔화되고 있는 가운데 현재에 이르고 있습니다.

이러한 우여곡절은 있었으나 VSCode가 현재 가장 주목받는 코드 에디터라는 데는 이견이 없습니다. 또한 새로운 시도로서 **웹 브라우저만으로 동작하는 온라인 버전** (P.256 참조)도 탄생했습니다. 기술 트렌드를 전부 갖춘 최신 코드 에디터를 여러분도 함께 체험해 봅시다.

웹 브라우저에서 작동하는 온라인 버전 VSCode

section 02

VSCode를 설치한다

브라우저에서 간단하게
다운로드

VSCode는 기능이 풍부한 소프트웨어이지만 무료로 설치할 수 있습니다. Windows, macOS 각각에서 설치하는 방법을 소개합니다.

웹사이트에서 다운로드

VSCode를 설치하기 위해서는 먼저 공식 웹사이트에서 설치 프로그램을 다운로드해 야합니다. 다음 URL로 접속하세요.

- **Visual Studio Code**
  https://code.visualstudio.com

환경에 맞는 설치 프로그램
이 표시되므로 클릭

다운로드 버튼 옆의 [V]를 클릭하면 다운로드할 설치 프로그램을 선택할 수 있습니다. 설치 프로그램을 선택하는 경우, OS별로 Stable/Insiders라는 선택지가 표시됩니다. 이는 오픈 소스의 소프트웨어에서는 흔히 볼 수 있는 것으로, Stable은 동작이 안정적 인 기능만을 사용할 수 있는 버전이고 Insiders는 최신 기능을 빠르게 사용할 수 있는 버전입니다. Insiders는 확장(P.114 참조) 개발자 등을 대상으로 제공되고 있으므로, 일반 적으로 Stable을 다운로드합니다.

❶ (설치 프로그램을 선택하는 경우는) 이 버튼을 클릭

❷ 다운로드할 설치 프로그램을 선택

Windows 버전의 설치 절차

설치 프로그램 다운로드가 완료되었으면 설치 프로그램 파일을 엽니다. 다음 이미지는 Microsoft Edge에서 다운로드가 완료된 후의 화면입니다.

❶ [파일 열기]를 클릭

사용권 계약에 동의하는 화면이 표시되므로 [동의합니다]를 체크하고 [다음]을 클릭합니다. 이어서 설치할 위치를 선택하고, VSCode를 시작 메뉴나 데스크톱에서 실행하기 위한 설정을 실시합니다.

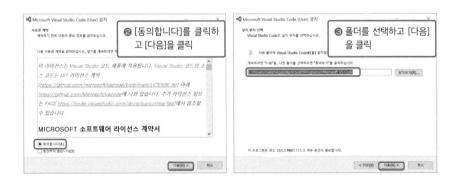

❷ [동의합니다]를 클릭하고 [다음]을 클릭

❸ 폴더를 선택하고 [다음]을 클릭

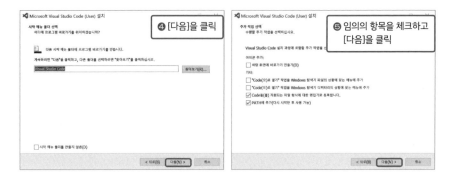

④ [다음]을 클릭

⑤ 임의의 항목을 체크하고 [다음]을 클릭

마지막으로 [설치] 버튼을 클릭하면 설치가 시작됩니다.

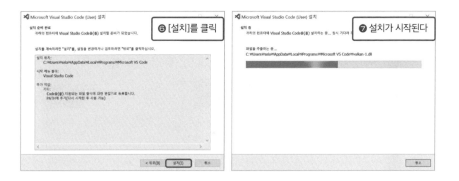

⑥ [설치]를 클릭

⑦ 설치가 시작된다

설치가 완료되면 [종료]를 클릭하여 셋업을 종료합니다.

⑧ [종료]를 클릭

⑨ ([Visual Studio Code 실행]을 체크한 경우) VScode가 실행된다

macOS 버전의 설치 절차

macOS의 경우는 다운로드한 애플리케이션 파일을 여는 것만으로 VSCode가 실행됩니다. 다음 이미지는 Safari에서 애플리케이션 파일의 다운로드가 완료된 후의 화면입니다.

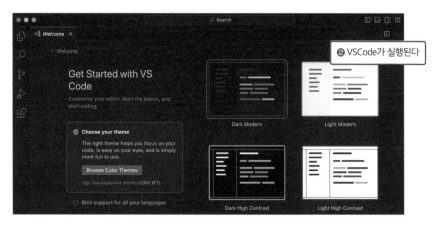

다운로드된 파일은 기본으로 [다운로드] 폴더에 저장되는데, [응용 프로그램] 폴더로 이동해 두면 Launchpad 등에서도 VSCode를 실행할 수 있습니다.

section

03

초기 설정을 실시한다

VSCode를 한국어로
사용한다

설치한 VSCode의 초기 설정을 실시하는 순서를 설명합니다. 확장을 설치하는 방법, 설정
화면을 여는 방법도 함께 배웁니다.

한국어팩을 설치한다

VSCode의 표시 언어는 기본적으로 영어로 설정되어 있습니다. 이것을 한국어
로 전환하기 위해서는 Microsoft에서 제공하는 **확장** 「Korean Language Pack for Vi
sual Studio Code」를 설치해야 합니다.

컴퓨터의 언어 설정을 영어 이외로 설정하는 경우, VSCode를 처음 실행했을 때 언
어를 변경할지 확인하는 대화 상자가 나타나므로 이에 따라 표시 언어를 한국어로 할
수도 있지만, 이번에는 확장의 설명도 겸해서 「Korean Language Pack for Visual
Studio Code」를 설치하는 절차를 소개합니다.

확장을 설치하려면 우선 VSCode의 윈도 좌측에 있는 작업 표시줄에서 [Exten
sions(확장)] 탭을 클릭해 Marketplace를 엽니다.

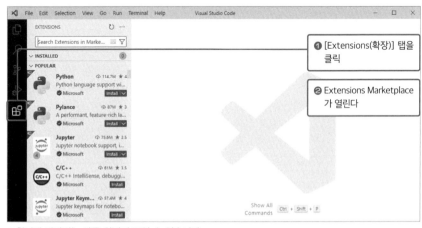

※환경에 따라서는 다른 화면이 보일 수 있습니다

Marketplace에서는 VSCode에 다양한 기능을 추가하는 **확장**을 설치할 수 있습니다. 확장 중에는 VSCode를 제공하는 Microsoft가 공개하고 있는 것부터 일반 사용자가 개발한 것까지 폭넓은 종류가 있으며, 직접 구현한 확장을 공개할 수도 있습니다.

그럼 Marketplace 검색란에 「Korean」이라고 입력하고 「Korean Language Pack for Visual Studio Code」를 검색해 봅시다. 찾았으면 [Install] 버튼을 클릭해서 VSCode에 확장을 설치합니다.

확장의 설치가 완료되면 언어 설정을 한국어로 변경하기 위해서 VSCode의 재실행을 권하는 대화 상자가 VSCode 윈도의 오른쪽 아래에 표시되므로, [Change Language and Restart]를 클릭하세요.

VSCode를 다시 실행하면 메뉴 바 등의 표시가 한국어로 바뀌어 있을 것입니다.

⑥ 한국어로 표시된다

명령 팔레트에서 표시 언어를 바꾼다

다음으로 **명령 팔레트**에서 표시 언어를 바꾸는 방법을 설명합니다. VSCode에는 「복사」나 「붙여넣기」와 같은 간단한 것부터 「프로그램을 디버그 실행한다」 등의 고도의 작업까지 다양한 조작이 **명령어**로 등록되어 있습니다. 명령 팔레트에서만 할 수 있는 조작도 있으므로 사용법을 기억해 둡시다.

확장 「Korean Language Pack…」을 설치한 후에도, VSCode 실행 시에 종종 표시 언어가 영어로 되돌아가는 경우가 있습니다. 그럴 때는 다음의 절차로 간단하게 한국어 표시로 돌릴 수 있습니다.

먼저 Ctrl+Shift+P 키를 눌러 **명령 팔레트를 엽니다.** Mac을 사용하는 경우는 Ctrl 키 대신 command 키를 누릅니다. **이 책에서는 기본적으로 Windows의 단축키로 절차를 설명**하는데, Ctrl 키→command 키 이외의 차이가 있는 경우는 Mac의 단축키에 대해서 보충 설명하겠습니다.

❶ Ctrl+Shift+P 키를 눌러 명령 팔레트를 실행

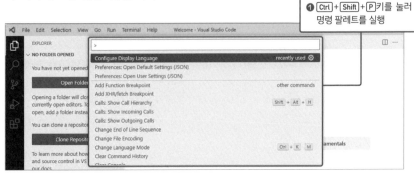

key ▲ 모든 명령어 표시   ⊞ Ctrl+Shift+P   command+shift+P

명령 팔레트를 열었다면 실행하고 싶은 명령어를 검색합니다. 이번은 언어에 관한 설정을 하고자 「language」라고 입력해 봅시다. 후보에 표시된 「Configure Display Language」가 표시 언어를 설정하는 명령이므로 이를 클릭하거나 선택한 상태에서 Enter 키를 눌러 실행합니다. 이어서 어떤 언어를 표시 언어로 할지 선택합니다. 한국어를 뜻하는 ko를 고르세요.

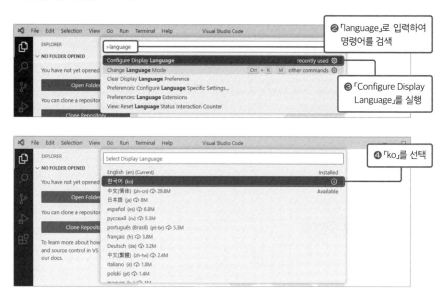

언어 설정을 변경하기 위해서 VSCode의 재실행을 권하는 대화 상자가 표시되면, [Restart]를 클릭합니다. 이것으로 표시 언어가 한국어로 변경됩니다.

또한, 명령 팔레트에 대해서는 CHAPTER3에서도 설명합니다.

VSCode에서 설정을 하는 방법은 **설정 화면에서 각종 설정을 하는 방법**과 **settings. json**이라는 설정 파일을 직접 텍스트로 편집하는 방법의 2종류가 있습니다.

VSCode에는 방대한 설정 항목이 있고, **설정 화면에서는 모든 항목에 접근할 수 없기** 때문에 익숙해지면 settings.json을 편집하는 방법이 항목 접근성의 측면에서 우수하지만, 여기서는 설정 화면에서 설정하는 절차를 소개합니다.

이번은 편집 중인 파일을 자동으로 저장하는 **Auto Save**라는 기능을 설정 화면에서 ON으로 해 봅시다. 이로써 편집기 부분에서 조작하고 있는 파일을 바꾸면 자동으로 저장됩니다.

설정 화면을 열려면, [관리] 버튼(윈도 왼쪽 아래의 톱니바퀴 마크)을 클릭하고, 이어서 [설정]을 클릭합니다.

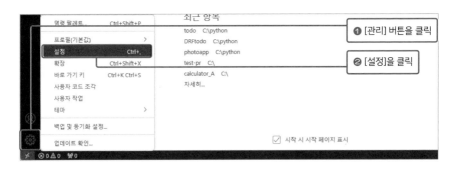

편집기 부분(P.30 참조)에 설정 화면이 표시됩니다.

설정 화면의 항목은 settings.json의 일부인데, 스크롤해보는 것만으로도 매우 많은 항목이 있다는 것을 알 수 있습니다. 그래서 설정 화면 상단에는 항목을 검색하기 위한 입력란이 준비되어 있습니다. 여기에 「auto save」라고 입력하여 원하는 항목을 검색하세요.

표시 언어를 한국어로 하고 있는 경우는 한국어로도 검색할 수 있는데, 설정 항목마다 할당되어 있는 **설정 ID**는 영어이므로 **영단어를 입력하는 것이 정확도가 높은 검색을 할 수 있습니다.**

결과가 표시되면 「Files: Auto Save」의 설정값을 「off」에서 「onFocusChange」로 변경합니다.

Point

settings.json에 대해서

VSCode 설정을 하기 위해서는 여기에서 설명한 것처럼 설정 화면을 조작하는 방법과 settings.json 이라는 파일을 편집하는 방법의 2종류가 있다고 설명했는데, 사실 어떤 방법으로 설정을 하더라도 settings.json상에 그 내용이 반영됩니다.

그렇기 때문에 설정 화면에서 할 수 있는 설정은 모두 settings.json에서도 가능하며 settings.json을 편집하는 방법에 대해서는 P.94에서 설명합니다.

#표준 기능 / #화면 구성

section 04

VSCode의 화면 구성

편집기 분할로
병행 작업

VSCode 화면은 5개 영역으로 나뉘는데, 각각의 크기 및 배치를 자유롭게 조정하여 작업하기 편한 화면 구성으로 변경할 수 있습니다.

화면의 5개 영역

VSCode를 본격적으로 조작하기 전에 화면의 구성에 대해 알아둡시다. 다음 화면은 폴더나 파일을 열어 놓은 상태인데, 그 방법은 CHAPTER2에서 설명합니다.

VSCode의 화면은 다음 **5개의 영역**으로 나뉩니다. 이중 패널에 대해서는 P.188, 상태 표시줄에 대해서는 P.36에서 자세히 설명합니다.

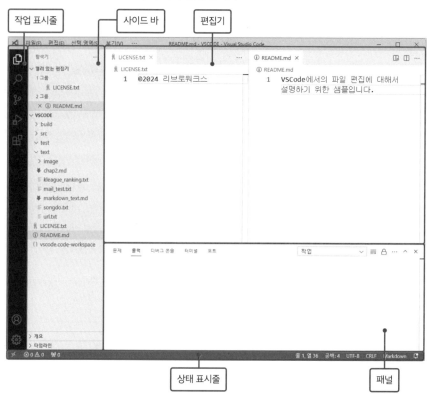

작업 표시줄 · 사이드 바 · 편집기 · 상태 표시줄 · 패널

작업 표시줄

탐색기, 검색 등 사이드 바에 표시하는 기능을 전환하기 위한 아이콘이 배치되어 있습니다.

작업 표시줄의 아이콘

아이콘	이름	설명
	탐색기	열려 있는 파일이나 폴더, 작업 영역(P.48 참조)를 일람 표시한다
	검색	파일이나 폴더에서 지정한 키워드를 검색한다
	소스 제어	소스 제어 툴 Git(P.198 참조)과의 연계 기능이 통합되어 있다
	실행 및 디버그	프로그램을 실행, 디버그한다
	확장	새로운 확장을 설치하거나 설치한 기능을 관리한다

사이드 바

작업 표시줄에서 선택한 내용에 따라 탐색기 뷰, 검색 뷰 등으로 전환됩니다. 여기에서는 탐색기 뷰의 세 부분에 대해 알아둡시다.

탐색기 뷰에는 [열려 있는 편집기] [폴더] [개요] [타임라인] 네 부분이 있습니다. [폴더]는 항상 표시되어 있으나, 그 밖의 3개는 탐색기 뷰의 오른쪽 위에 있는 ⋯ [보기 및 기타 작업] 버튼으로부터 표시/숨김을 바꿀 수 있습니다.

탐색기의 기능

이름	설명
열려 있는 편집기	편집기 부분에 열려 있는 파일이 일람 표시된다. 여러 파일을 열고 있을 때 도움이 된다
폴더	열려 있는 폴더가 계층 구조로 표시된다
개요	편집기에서 선택되어 있는 파일의 개요를 표시한다. 예를 들어 Markdown 파일(P.60 참조)에서는 헤더 계층이 표시된다
타임라인	특정 파일이나 폴더의 변경 내역을 시간순으로 보여주는 기능이다

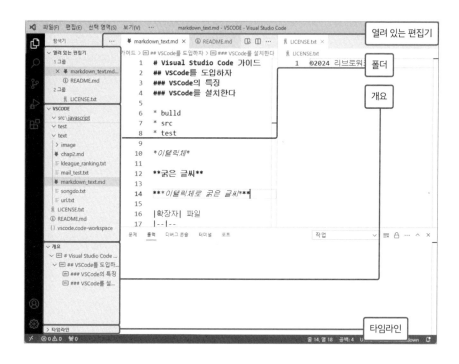

편집기

열려 있는 파일이 탭으로 표시되는, 파일 편집의 기본이 되는 영역입니다. VSCode에서는 **편집기 영역을 가로, 세로로 분할하여 여러 파일을 한 번에 표시할 수 있습니다.**

편집기를 분할하는 방법은 몇 가지가 있는데, 마우스 조작으로 하려면 편집기의 오른쪽 위에 있는 ⊞(편집기를 오른쪽으로 분할) 버튼을 클릭합니다.

key ▲ 표시: 편집기의 분할　Ctrl + W　　command + control + option + W

탐색기 뷰에서 편집기 부분으로 파일을 드래그&드롭하는 방법으로도 편집기를 분할할 수 있습니다. 열려 있는 편집기의 오른쪽 끝을 향해 탐색기 뷰에서 파일을 드래그하면 편집기 부분의 오른쪽 절반의 색이 바뀝니다. 이 상태에서 파일을 드롭하면 편집기가 좌우로 분할됩니다.

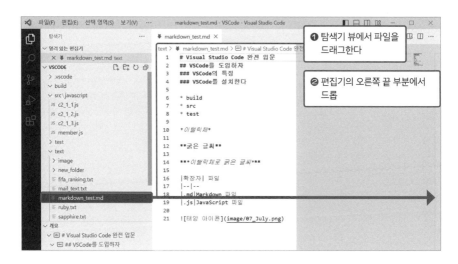

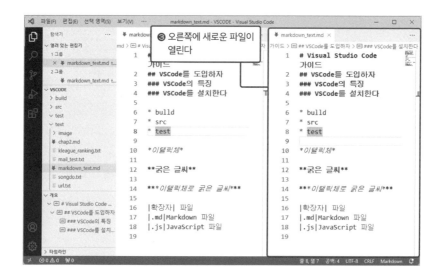

파일을 드롭하는 위치에 따라 오른쪽뿐만 아니라 왼쪽이나 위아래에도 새 편집기를 배치할 수 있습니다.

가로 정렬의 레이아웃을 세로 정렬로, 또는 세로 정렬을 가로 정렬로 바꾸려면 탐색기 뷰 [열려 있는 편집기] 부분에 표시되는 🗗 [세로/가로 편집기 레이아웃 설정/해제] 버튼을 클릭합니다.

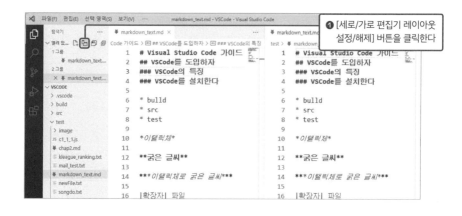

❷ 편집기의 레이아웃이 세로 방향으로 바뀐다

key ▲ 편집기 레이아웃을 세로/ 가로 방향으로 바꾼다   ⊞ Shift + Alt + 0   🍎 option + command + 0

편집기를 분할하면 각각의 편집기 그룹이 [열려 있는 편집기]의 부분에 「1 그룹」「2 그룹」이라고 표시됩니다. 이 편집기의 그룹을 **편집기 그룹**이라고 합니다.

편집기의 탭을 드래그&드롭하면 편집기를 다른 편집기 그룹으로 이동시킬 수 있습니다.

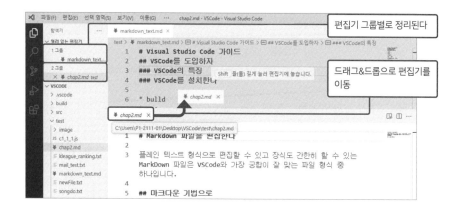

편집기 그룹별로 정리된다

드래그&드롭으로 편집기를 이동

MiniMap에서 파일 전체를 확인

편집기의 오른쪽 끝에는 파일 전체의 축도와 같은 **MiniMap**이 표시되어 있습니다. 커서가 있는 위치를 확인하거나 클릭하여 임의의 위치로 이동할 수 있으므로 특히 행이 많은 파일을 편집할 때 유용합니다.

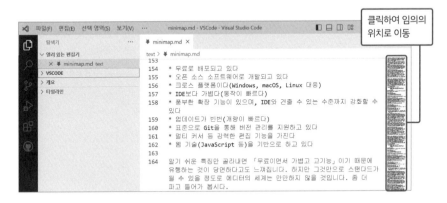

Zen 모드로 파일 편집에 집중

편집기에서 파일 편집에 집중하고 싶을 때는 편집기를 제외한 모든 영역을 숨김으로 하는 **Zen 모드**를 활용하는 것이 좋습니다.

메뉴바의 [보기]-[모양]-[Zen 모드]를 클릭하거나, Ctrl + K 키를 누른 후 Z 키를 눌러 Zen 모드로 전환합니다.

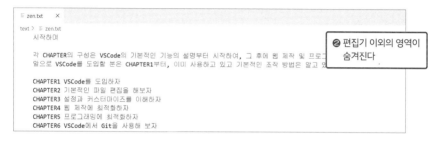

```
  zen.txt      ×
text >    zen.txt
    시작하며

   각 CHAPTER의 구성은 VSCode의 기본적인 기능의 설명부터 시작하여, 그 후에 웹 제작 및 프로그
   앞으로 VSCode를 도입할 분은 CHAPTER1부터, 이미 사용하고 있고 기본적인 조작 방법은 알고 있

   CHAPTER1 VSCode를 도입하자
   CHAPTER2 기본적인 파일 편집을 해보자
   CHAPTER3 설정과 커스터마이즈를 이해하자
   CHAPTER4 웹 제작에 최적화하자
   CHAPTER5 프로그래밍에 최적화하자
   CHAPTER6 VSCode에서 Git을 사용해 보자
```

❷ 편집기 이외의 영역이
숨겨진다

 표시: Zen Mode 전환

Point 보조 가로 막대에 여러 개의 뷰를 통합한다

2022년 1월 공개된 v1.64부터 VSCode에 보조 가로 막대라는 기능이 추가되었습니다. 보조 가로 막대
는 화면 오른쪽에 표시할 수 있는 새로운 공간으로, 검색 뷰(P.67 참조)나 소스 제어 뷰(P.198 참조) 등
사이드 바에 표시되는 뷰를 이곳으로 드래그&드롭하여 이동시킬 수 있습니다.
사이드 바에는 1개의 뷰만 표시할 수 있고, 기존에는 다른 뷰를 표시하려면 작업 표시줄에서 뷰를 전환
해야 했지만 보조 가로 막대로 인해 여러 뷰를 동시에 표시할 수 있게 되었습니다.

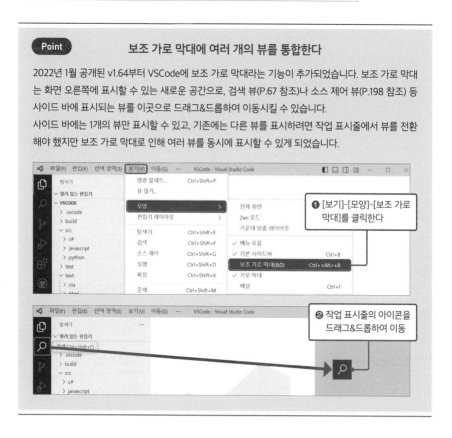

#표준 기능 / #설정

상태 표시줄에서 파일 설정을 한다

💡 **줄바꿈 코드나 들여쓰기를 간단하게 바꾼다**
화면 아래에 표시되는 상태 표시줄에서는 파일에 대한 설정을 확인할 수 있습니다. 문자 코드, 들여쓰기를 편집하는 방법을 알아둡시다.

상태 표시줄에 표시되는 정보

VSCode의 화면 아래에 표시되고 있는 **상태 표시줄**에는 커서가 있는 행과 열의 위치, 들여쓰기의 폭, 인코딩에 사용한 문자 코드, 사용 중인 줄바꿈 코드, 확장자로부터 검출된 파일의 종류와 같은 정보가 표시되어 있습니다.

상태 표시줄에서는 이러한 정보를 확인할 수 있을 뿐만 아니라 클릭하여 파일에 대한 설정을 변경할 수도 있습니다. 각각의 설정을 변경하는 방법에 대해 알아봅시다.

문자 코드를 지정하여 파일을 연다/저장한다

VSCode는 기본 문자 코드가 UTF-8로 설정되어 있으므로 다른 문자 코드로 인코딩해야 하는 파일을 열었을 때 문자가 깨질 수 있습니다. 그럴 때는 올바른 문자 코드로 파일을 다시 여는 것으로 문자가 깨지는 것을 해결할 수 있습니다.

파일을 다른 문자 코드로 다시 열려면 우선 상태 표시줄의 **인코딩 선택** 부분을 클릭합니다.

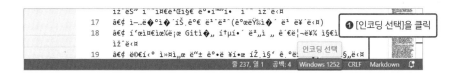

화면 위쪽에 명령 팔레트가 표시되므로, [Reopen with Encoding]을 클릭해 문자 코드를 지정하면 지정한 문자 코드로 파일을 다시 엽니다.

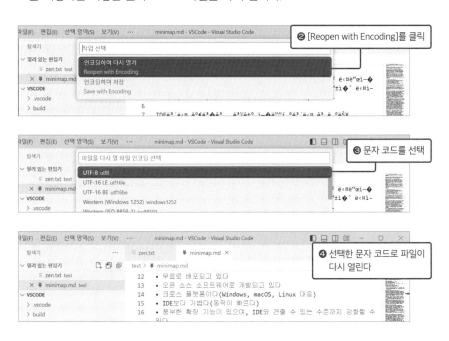

들여쓰기 방법을 변경한다

프로그램을 작성할 때, 행 맨 앞을 맞추기 위한 들여쓰기를 어떻게 넣을지는 사용하는 프로그래밍 언어나 코드 규약에 따라 다릅니다. VSCode에서는 상태 표시줄에서 파일 내의 들여쓰기 방법을 일괄적으로 변경할 수 있습니다.

파일의 들여쓰기를 설정하려면 상태 표시줄의 [들여쓰기 선택](들여쓰기에 사용되는 문자가 표시되는 부분)을 클릭합니다.

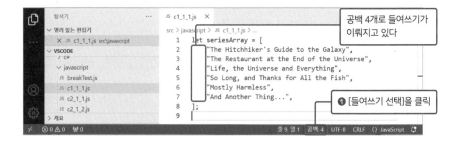

다음으로 화면 위쪽의 명령 팔레트에서 「공백을 사용한 들여쓰기」나 「탭을 사용한
들여쓰기」를 선택하고, 들여쓰기 1개당 공백의 개수를 선택합니다.

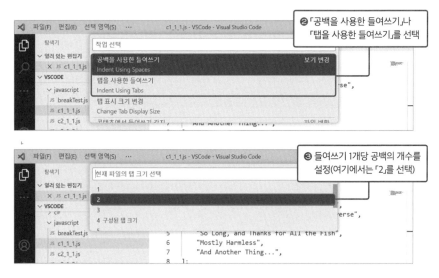

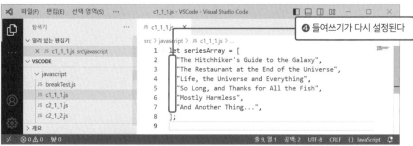

CHAPTER
2

기본적인
파일 편집을
해 보자

#표준 기능 / #파일 조작

section

01

폴더, 파일을 열고 편집한다

폴더별로 열어
효율 업

VSCode의 탐색기 뷰는 이름 그대로 익스플로러와 같이 파일이나 폴더를 열 뿐만 아니라
다양한 기능을 갖추고 있습니다

폴더를 연다

웹 제작이나 프로그래밍에서는 프로젝트별로 필요한 파일을 합친 폴더를 만드는 것
이 일반적입니다. 그래서 **VSCode를 사용해 웹 제작이나 프로그래밍을 할 때는 개별
파일을 여는 것보다 폴더를 열어서 작업하는 것이 효율적입니다.**

VSCode에서 폴더를 열려면 메뉴 바의 [파일]-[폴더 열기]를 클릭하거나 사이드 바
의 탐색기 뷰에서 [폴더 열기]를 클릭하여 폴더를 선택하는 화면을 엽니다.

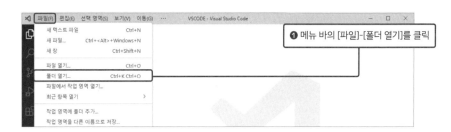

❶ 메뉴 바의 [파일]-[폴더 열기]를 클릭

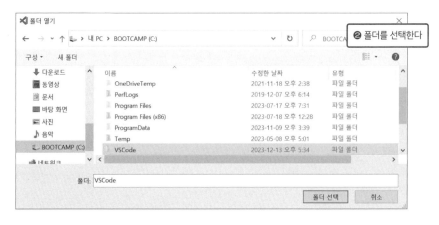

❷ 폴더를 선택한다

폴더를 열면 사이드 바의 탐색기 뷰에 현재 열려 있는 폴더가 계층 구조로 표시됩니다.

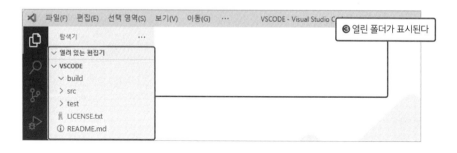

Point 파일 작성자를 신뢰

VSCode에는 폴더를 열 때 거기에 포함된 파일을 자동으로 실행하는 기능이 포함되어 있어서 폴더를 열 때, 이미지와 같이 「이 폴더에 있는 파일의 작성자를 신뢰합니까?」라는 경고가 표시될 수 있습니다. 여기서 [아니요, 작성자를 신뢰하지 않습니다]를 선택하면 자동으로 파일을 실행하는 기능을 끄는 「제한된 모드」로 폴더가 열립니다.

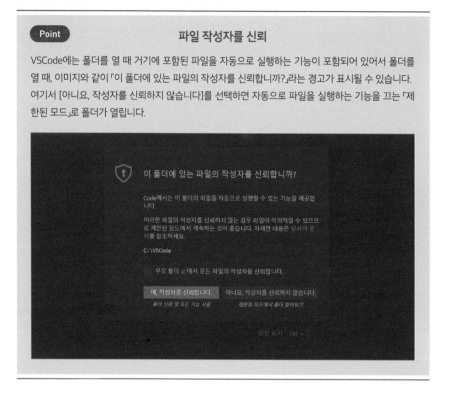

폴더 내의 파일을 연다

탐색기 뷰에서 **파일명을 클릭하면 편집기 부분에 미리 보기 모드로 파일 내용이 표
시됩니다**. 미리 보기 모드는 단순히 보기 위한 표시 형식으로 **파일의 내용을 편집할 수
없습니다**. 또한, 다른 파일을 미리 보기 모드로 열면 첫 번째 파일은 닫힙니다.

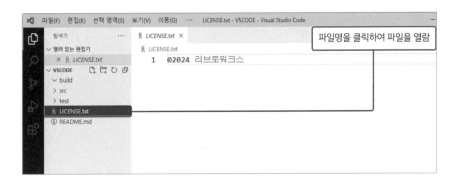

파일을 편집하려면 **파일명을 더블클릭하여 편집기에서 파일을 엽니다**. 또는 미리 보
기 모드로 열려 있는 파일을 편집해서도 파일을 편집기에서 열 수 있습니다.

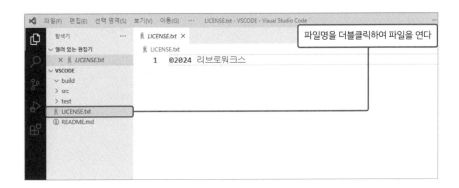

여러 개의 파일을 열고 있을 때는 편집기 상에서 탭 부분을 클릭하거나 Ctrl + Tab 키를 누르면 파일을 전환할 수 있습니다.

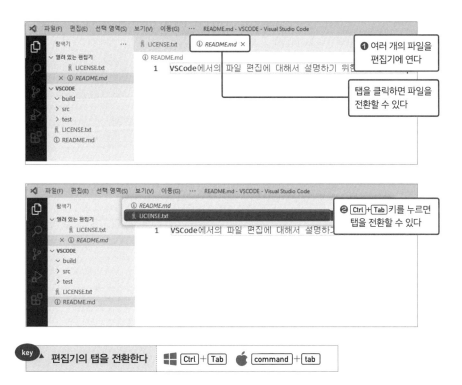

key ▲ 편집기의 탭을 전환한다   ⊞ Ctrl + Tab   🍎 command + tab

편집기 부분에 열려 있는 파일은 탐색기 뷰의 [열려 있는 편집기]에도 일람 표시됩니다.

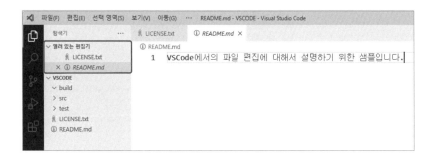

새로운 파일을 생성한다

새로운 파일을 만드는 방법은 몇 가지가 있는데, 가장 간단한 것은 탐색기 뷰에 열려 있는 폴더명의 오른쪽에 표시되어 있는 ⬚[새 파일] 버튼을 클릭하여 새 파일을 만드는 방법입니다. 선택한 폴더의 아래에 새 파일이 생성되므로 확장자를 포함한 파일명을 입력합니다.

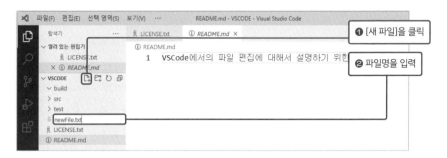

탐색기 뷰에서 폴더나 파일을 우클릭-[새 파일]을 클릭하는 방법으로도 마찬가지로 파일을 생성할 수 있습니다.

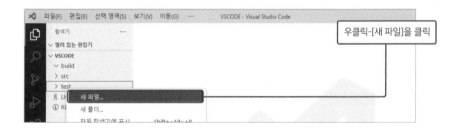

직전에 편집하던 폴더를 다시 연다

VSCode는 앱을 종료할 때 열려 있던 편집기의 정보를 저장하여, **다시 VSCode를 실행했을 때 이전과 같은 상태로 열어줍니다.** 편집기 내의 커서 위치나, 저장하지 않고 종료된 파일의 편집 내용까지 저장하므로 실수로 앱을 종료했더라도 바로 작업을 재개할 수 있습니다.

❶ 파일을 저장하지 않은 채 앱을 종료

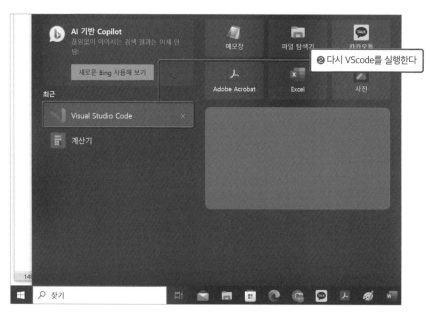

❷ 다시 VScode를 실행한다

❸ 같은 상태로 폴더, 편집기가 열린다

또한, 설정 화면에서 「Window: Restore Windows」라는 항목의 설정값을 「None」으로 바꾸면 이전에 열려 있던 폴더나 편집기를 열지 않도록 할 수도 있습니다. 매번 새로 폴더를 열고 싶다면 설정을 변경합시다.

폴더, 파일에 관한 기타 조작

새 폴더를 생성

새 폴더를 만들려면 파일의 신규 생성과 마찬가지로 탐색기 뷰의 ☐ [새 폴더] 버튼을 클릭하는 방법과 폴더나 파일을 우클릭-[새 폴더]를 클릭하는 방법 2가지가 있습니다.

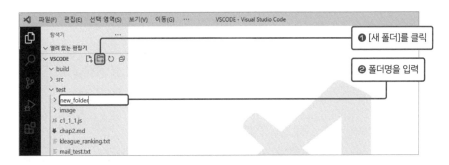

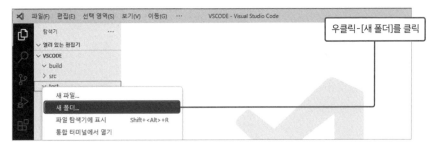

폴더, 파일을 삭제

불필요한 폴더나 파일을 생성하려면 탐색기 뷰에서 우클릭-[삭제]를 클릭하거나 Delete 키를 누릅니다.

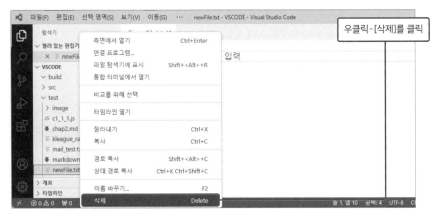

우클릭-[삭제]를 클릭

key 폴더나 파일을 삭제 ⊞ Ctrl + Delete command + Back Space

드래그&드롭으로 이동

탐색기 뷰에서는 Windows 익스플로러와 같이 폴더나 파일을 드래그&드롭으로 이동할 수 있습니다. 폴더의 내용물을 확인하면서 이동할 수 있으므로 폴더의 계층을 넘는 이동도 간단하게 할 수 있습니다.

폴더를 드래그하여 이동

#표준 기능 / #폴더 조작

section 02 작업 영역으로 여러 개의 폴더를 연다

여러 개의 폴더를 한 번에 연다

VSCode에서는 파일이나 폴더를 여는 것뿐만 아니라, 여러 개의 폴더를 작업 영역이라는 단위로 통합하여 관리할 수 있습니다.

작업 영역으로 여러 개의 폴더를 하나로 통합한다

폴더를 여는 방법으로는, 여러 개의 파일을 편집기에서 열 수 있는 반면 폴더는 한 개만 열 수 있습니다. 열고 싶은 폴더가 여러 개 있는 경우는 **작업 영역(워크스페이스)** 이라는 기능을 사용합시다.

작업 영역은 폴더를 관리하기 위한 기능으로, 하나의 작업 영역에는 서로 다른 장소에 있는 여러 개의 파일 및 폴더를 포함할 수 있습니다.

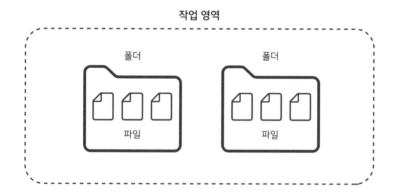

예를 들어, 여러 개발 프로젝트에 참여하는 사람이 프로젝트별로 필요한 파일이나 폴더를 하나로 통합하여 관리하고 싶은 경우, 작업 영역을 사용하면 좋습니다.

또한, CHAPTER3에서 자세히 설명하겠지만, **작업 영역별로 설정을 변경할 수 있으므로** 프로젝트를 혼동하지 않도록 편집기의 외관을 바꾸거나 프로젝트별로 다른 규칙으로 소스 코드를 편집할 수도 있습니다.

새로운 작업 영역을 만들려면 먼저, 메뉴 바에서 [파일]–[작업 영역에 폴더 추가]를 클릭하고, 처음에 추가할 폴더를 선택합니다.

❶ [파일]-[작업 영역에 폴더 추가]를 클릭

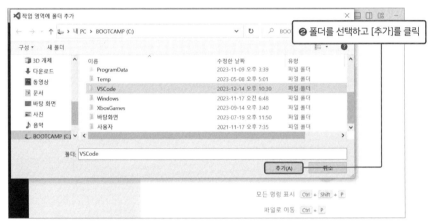

❷ 폴더를 선택하고 [추가]를 클릭

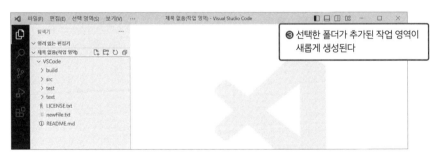

❸ 선택한 폴더가 추가된 작업 영역이 새롭게 생성된다

작업 영역을 생성한 후, 다시 한번 [작업 영역에 폴더 추가]를 실행하여 다른 폴더를 선택하면 여러 폴더를 하나의 작업 영역에 포함할 수 있습니다. 여러 개의 폴더를 통합한 작업 영역을 **멀티 루트 워크스페이스**라고 하며, 편집한 파일이 여러 개의 폴더로 흩어져 있는 경우나, 다른 프로젝트에서 생성한 파일을 참고하고 싶은 경우 등은 멀티 루트 워크스페이스를 생성하면 편리합니다.

작업 영역을 저장한다

작업 영역을 생성한 후에는 거기에 포함된 폴더의 정보나 작업 영역별로 설정한 내용을 **.code-workspace라는 확장자의 파일로 저장할 수 있습니다.**

작업 영역을 파일로서 저장하려면 메뉴 바에서 [파일]–[작업 영역을 다른 이름으로 저장]을 클릭합니다.

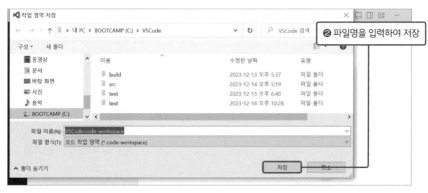

저장한 작업 영역을 다시 연다

한 번 저장한 작업 영역은 파일을 열어 간단히 호출할 수 있습니다. 작업 영역을 파일로서 열려면 메뉴 바의 [파일]-[파일에서 작업 영역 열기]를 클릭하거나 Ctrl + O 키를 눌러 열고 싶은 .code-workspace 파일을 선택합니다.

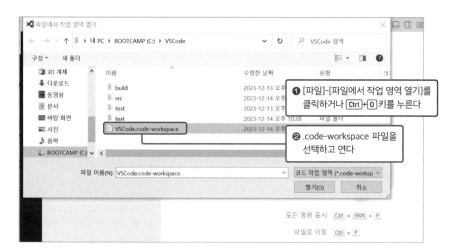

section
03

텍스트 편집에 도움이 되는
필수 테크닉

단축키로 효과 두 배

웹 제작 및 프로그래밍뿐만 아니라 모든 텍스트 편집에 도움이 되는 필수 테크닉을 소개합니다.

선택 범위를 추가하여 한꺼번에 편집한다

「여러 군데를 한꺼번에 수정한다」고 하면 바로 떠오르는 것이 검색 · 바꾸기 기능인데, VSCode에는 더 쉽고 편리한 것이 있습니다. 그것은 「선택 범위의 추가」 기능입니다. [Ctrl]+[D] 키를 누를 때마다 현재 선택 중인 텍스트와 동일한 것이 추가 선택되어 한꺼번에 편집할 수 있습니다. 메뉴 바의 [선택 영역]–[다음 항목 추가]로도 실행할 수 있는데, 단축키를 사용하면 빠르게 여러 위치를 선택할 수 있습니다.

```js
JS c2_1_1.js  ×
VSCode > src > javascript > JS c2_1_1.js > ...
1  var week1 = ['월', '화', '수', '목', '금'].fill(
2  var week2 = ['월', '화', '수', '목', '금'].fill
3  var week3 = ['월', '화', '수', '목', '금'].fill
4  console.log(week1);
5  console.log(week2);
6  console.log(week3);
```

❶ 텍스트를 선택한 상태에서 [Ctrl]+[D] 키를 누른다

❷ 같은 텍스트가 추가 선택된다

❸ 필요한 만큼 [Ctrl]+[D] 키를 누른다

```js
JS c2_1_1.js  ●
VSCode > src > javascript > JS c2_1_1.js > ...
1  let week1 = ['월', '화', '수', '목', '금'].fill('축');
2  let week2 = ['월', '화', '수', '목', '금'].fill('축',
3  let week3 = ['월', '화', '수', '목', '금'].fill('축',
4  console.log(week1);
5  console.log(week2);
6  console.log(week3);
```

❹ 텍스트를 수정

선택하고 있던 부분이 한꺼번에 수정된다

key ▲ 선택 범위의 추가 ┃ [Ctrl]+[D] ┃ [command]+[D]

검색 · 바꾸기(P.66 참조)는 검색창을 표시하고 실행해야 하는데, 선택 범위의 추가 기능은 편집기 내에서만 행할 수 있으므로 간편하게 수정할 수 있다는 것이 큰 장점입니다. 수정이 끝나면 **반드시 [Esc] 키를 눌러 범위 선택을 해제**합시다. 해제하지 않으면 여러 개가 선택인 상태로 편집하여 문제가 생길 수 있으니 주의하세요.

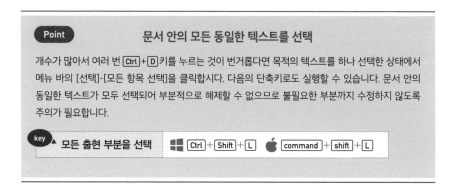

Point   문서 안의 모든 동일한 텍스트를 선택

개수가 많아서 여러 번 [Ctrl]+[D]키를 누르는 것이 번거롭다면 목적의 텍스트를 하나 선택한 상태에서 메뉴 바의 [선택]-[모든 항목 선택]을 클릭합시다. 다음의 단축키로도 실행할 수 있습니다. 문서 안의 동일한 텍스트가 모두 선택되어 부분적으로 해제할 수 없으므로 불필요한 부분까지 수정하지 않도록 주의가 필요합니다.

key ▲ 모든 출현 부분을 선택   ⊞ [Ctrl]+[Shift]+[L]   [command]+[shift]+[L]

행 단위로 텍스트를 편집한다

텍스트 파일의 **특정 행을 상하로 이동시키고 싶을** 때, 행 단위로 잘라내기→붙이기를 해서 이동시킬 수도 있지만, [Alt]+[↑][↓]키를 누르면 보다 적은 키 조작으로 행을 이동할 수 있습니다.

① 이동시키고 싶은 행에 커서를 놓고 [Alt]+[↑]키 또는 [↓]키를 누른다

❷ 행이 이동한다

<table type="key">

key	행을 위로 이동	⊞ Alt + ↑ 🍎 option + ↑
key	행을 아래로 이동	⊞ Alt + ↓ 🍎 option + ↓

</table>

특정 행을 상하로 복사하고 싶을 때는 Alt + Shift + ↑ ↓ 키로 복사할 수 있습니다.

```
JS c2_1_2.js M ✕                                                    ⌕ ▯ ⋯
src > javascript > JS c2_1_2.js > ⊕ newFunction
  1   function newFunction() {                        ❶ 복사하고 싶은 행을 선택
  2       return (stdate, eddate) => {
  3         let span = eddate.getTime() - stdate.getTime();
  4         return span;
  5       };
  6   }
  7
  8   let getSpan = newFunction();
  9
 10   let st = '1917-2-13';
 11   let ed = '1917-10-25';
 12   let span = getSpan(st, ed);
```

```
JS c2_1_2.js ●                                                        ▯ ⋯
src > javascript > JS c2_1_2.js > ⊕ newFunction         ❷ Alt + Shift + ↑ 키 또는 ↓ 키를
  1   function newFunction() {                              눌러 행을 복사한다
  2       return (stdate, eddate) => {
  3         let span = eddate.getTime() - stdate.getTime();
  4         return span;
  5       };
  6   }
  7   function newFunction() {
  8       return (stdate, eddate) => {
  9         let span = eddate.getTime() - stdate.getTime();
 10         return span;
 11       };
 12   }
 13
 14   let getSpan = newFunction();
```

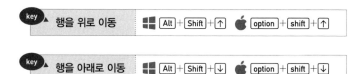

커서를 여러 위치에 둔다

VSCode 편집기에서는 **커서를 확대하여 여러 행을 한 번에 편집**할 수 있습니다. 예를 들어, 여러 행의 같은 위치에 같은 문자를 삽입하고 싶은 경우, [Ctrl]+[Alt]+[↑]키(또는 [↓]키)를 눌러 커서를 상하행으로 확대하고 나서 문자를 입력하면 한 번의 입력으로 모든 행에 동일한 문자를 입력할 수 있습니다.

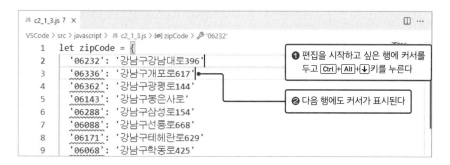

❶ 편집을 시작하고 싶은 행에 커서를 두고 [Ctrl]+[Alt]+[↓]키를 누른다

❷ 다음 행에도 커서가 표시된다

❸ 필요한만큼 [Ctrl]+[Alt]+[↓]키를 누른다

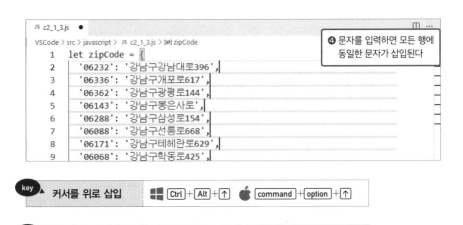

```js
JS c2_1_3.js  ●                                                        □ ...
VSCode > src > javascript > JS c2_1_3.js > [♦] zipCode
 1   let zipCode = {
 2     '06232': '강남구강남대로396',
 3     '06336': '강남구개포로617',
 4     '06362': '강남구광평로144',
 5     '06143': '강남구봉은사로',
 6     '06288': '강남구삼성로154',
 7     '06088': '강남구선릉로668',
 8     '06171': '강남구테헤란로629',
 9     '06068': '강남구학동로425',
```

❹ 문자를 입력하면 모든 행에 동일한 문자가 삽입된다

key ▲ 커서를 위로 삽입	⊞ Ctrl + Alt + ↑ command + option + ↑
key ▲ 커서를 아래로 삽입	⊞ Ctrl + Alt + ↓ command + option + ↓

연속하지 않은 부분을 한 번에 수정하려면 Alt 키를 누르며 클릭해서 여러 위치에 커서를 둘 수 있습니다. 텍스트 파일 안의 불규칙한 위치에 동일한 문자를 삽입하고 싶을 때 편리합니다.

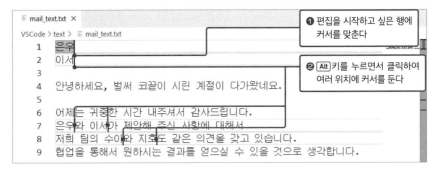

```
≡ mail_text.txt  ×
VSCode > text > ≡ mail_text.txt
 1   은우
 2   이서
 3
 4   안녕하세요, 벌써 코끝이 시린 계절이 다가왔네요.
 5
 6   어제는 귀중한 시간 내주셔서 감사드립니다.
 7   은우와 이서가 제안해 주신 사항에 대해서
 8   저희 팀의 수아와 지호도 같은 의견을 갖고 있습니다.
 9   협업을 통해서 원하시는 결과를 얻으실 수 있을 것으로 생각합니다.
```

❶ 편집을 시작하고 싶은 행에 커서를 맞춘다

❷ Alt 키를 누르면서 클릭하여 여러 위치에 커서를 둔다

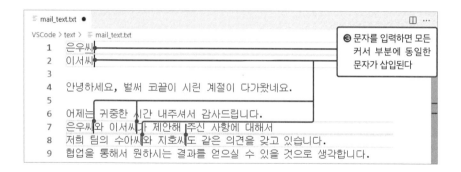

❸ 문자를 입력하면 모든 커서 부분에 동일한 문자가 삽입된다

편집이 끝나면 [다음 항목 추가]와 같이 [Esc] 키를 눌러서 범위 선택을 해제하는 것을 잊지 않도록 합시다.

Point　　　　　　　　　**커서에 대한 설정**

P.79에서 설명하는 설정 화면에서 윗부분의 텍스트 상자에 「cursor」라고 입력하면 편집기에 표시되는 커서의 외관이나 깜빡임 여부 등 커서에 대한 자세한 설정을 할 수 있습니다.

편집기 부분의 커서에 관한 설정(일부)

설정 ID	설명
editor.cursorBlinking	커서가 깜빡일 때의 애니메이션 효과를 설정할 수 있습니다. 기본값은 blink
editor.cursorStyle	커서의 외관을 변경할 수 있습니다. 기본값은 line
editor.multiCursorModifier	커서를 여러 곳에 댈 때 누르는 키를 변경할 수 있습니다. 기본값은 [Alt]키

파일의 내용을 비교

VSCode에는 2개 파일의 내용이 같은지, 어디에 차이가 있는지 등을 조사하고 싶을 때 편리한 **파일 비교** 기능이 있습니다.

파일 비교를 하려면 우선 탐색기 뷰에서 1번째 파일을 우클릭-[비교를 위해 선택]을 클릭합니다. 다음으로 비교하고자 하는 2번째 파일을 우클릭-[선택한 항목과 비교]를 클릭하면 2개 파일의 내용이 비교되고 결과가 편집기 부분에 표시됩니다. 차이가 있는 경우는 차이가 강조됩니다.

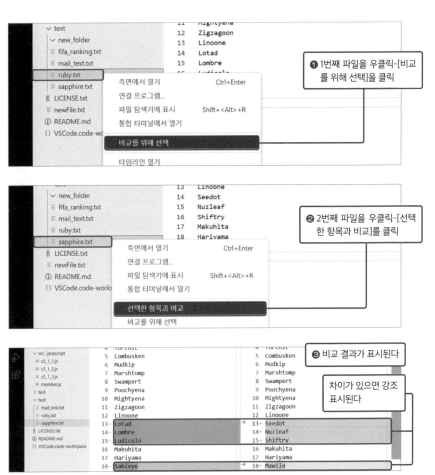

직사각형 선택으로 들여쓰기를 유지한 채 편집

다음의 이미지와 같이 들여쓰기를 맞춰 문자열을 입력할 때, 여러 행에 걸쳐 직사각
형 모양으로 문자열을 선택하면 편리한 경우가 있습니다.

```
JS member.js ●
JS member.js > [@] people
  1   let people = [
  2       { Name: 'Daniel', Age: 26 },
  3       { Name: 'Tom',    Age: 27 },
  4       { Name: 'Alexa',  Age: 38 },
  5       { Name: 'Olivia', Age: 33 }
  6   ];
  7
```

들여쓰기를 갖춰 문자열이
입력되고 있다

VSCode에서는 Shift + Alt 키를 누른 채 문자열을 드래그하면 그 범위를 직사각형
선택할 수 있습니다.

```
JS member.js ●
JS member.js > [@] people > 🔖 Name
  1   let people = [
  2       { Name: 'Daniel', Age: 26 },
  3       { Name: 'Tom',    Age: 27 },
  4       { Name: 'Alexa',  Age: 38 },
  5       { Name: 'Olivia', Age: 33 }
  6   ];
  7
```

❶ 선택을 시작하고 싶은 부분에
마우스 포인터를 맞춘다

```
JS member.js ●
JS member.js > [@] people
  1   let people = [
  2       { Name: 'Daniel', Age: 26 },
  3       { Name: 'Tom',    Age: 27 },
  4       { Name: 'Alexa',  Age: 38 },
  5       { Name: 'Olivia', Age: 33 }
  6   ];
  7
```

❷ Shift + Alt 키를 누른 채 드래그하여
직사각형 선택

section
04

Markdown 파일을 편집한다

읽기 쉬운 문서를
간단히 작성

플레인 텍스트 형식으로 편집할 수 있고 장식도 간단히 할 수 있는 Markdown 파일은
VSCode와 가장 궁합이 잘 맞는 파일 형식 중 하나입니다.

Markdown 기법으로 간편하게 텍스트를 구조화한다

Markdown 파일이란 텍스트에 「제목 · 소제목 · 본문」과 같은 계층 구조를 부여하거
나 장식할 수 있는 **Markdown 기법**으로 작성된 파일입니다.

Markdown 기법으로 작성된 텍스트 파일은 웹 페이지에서 사용되는 HTML 형식 등
많은 형식으로 변환할 수 있기 때문에 다양한 상황에서 이 기법이 사용되고 있습니다.
예를 들어 소프트웨어 개발자용 문서에서 널리 사용되고 있는 것 외에, Slack과 같은
커뮤니케이션 툴에서도 Markdown 기법으로 메시지를 장식할 수 있는 등, **최근 그 이
용 범위가 넓어지고 있습니다.**

이 책과 같은 서적도, 「제○장」「제○절」이라는 형태로 구조화되어 있기 때문에 어느
정도까지는 Markdown 기법을 사용해 표현할 수 있습니다.

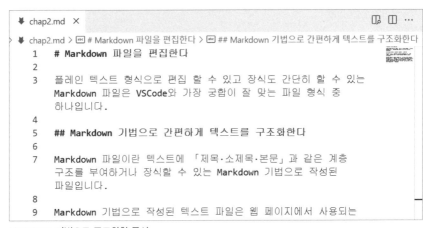

Markdown 기법으로 구조화한 문서

Markdown 파일을 생성하고 미리 보기를 표시한다

Markdown 파일은 파일명에 「.md」라는 확장자를 붙이면 생성할 수 있습니다.

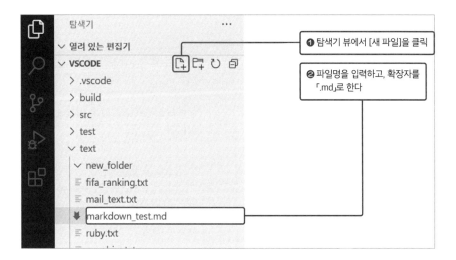

새로 만든 Markdown 파일에 다음과 같이 텍스트를 입력합니다. Markdown 기법에서는 **「#」 다음에 공백을 띄우면 그 행은 제목으로 취급됩니다.** 「#」의 수에 따라 1〜6까지의 우선 순위가 지정됩니다(적은 쪽이 우선 순위가 높음).

● 입력 예

```
# Visual Studio Code 완전 입문
## VSCode를 도입하자
### VSCode의 특징
### VSCode를 설치한다
```

입력했으면 VSCode 편집기 부분의 오른쪽 위에 표시되어 있는 ▥ [측면에서 미리보기 열기] 버튼을 클릭해 봅시다.

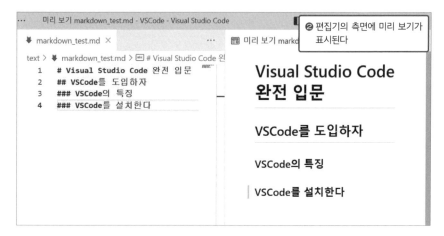

편집기 옆에 「미리 보기」 탭이 열렸습니다. 미리 보기에는 Markdown 문서의 내용을 HTML로 변환한 것이 표시되며 **Markdown 문서를 변경하면 거의 실시간으로 미리 보기에 반영됩니다.**

문자 강조, 리스트, 테이블을 Markdown 기법으로 표현한다

제목 이외에도 Markdown 기법에서 많이 사용되는 것이 리스트입니다. **「*」(애스터리스크) 뒤에 공백을 띄우면 그 행은 리스트의 항목으로 취급됩니다.** Markdown 파일에 다음의 내용을 추가해 봅시다.

● 입력 예

```
* build
* src
* test
```

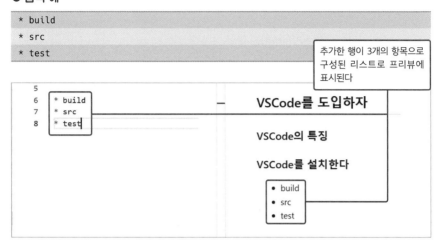

추가한 행이 3개의 항목으로 구성된 리스트로 프리뷰에 표시된다

*(애스터리스크)는 문자열을 둘러싸서 강조하는 데도 사용됩니다. *(애스터리스크) 1개, 2개, 3개로 둘러싼 문자열이 각각 어떻게 표시되는지 확인합시다.

　Markdown 기법에서는 (제목 등이 아닌) **통상의 단락은 2개 이상 줄바꿈하지 않으면 다른 단락으로서 인식되지 않는다는 점에도 주의하세요.**

● 입력 예

```
*이탤릭체*

**굵은 글씨**

***이탤릭체로 굵은 글씨***
```

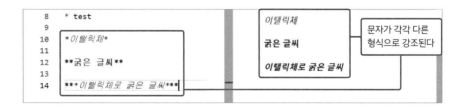

문자가 각각 다른 형식으로 강조된다

Markdown 기법으로 테이블을 표현하는 방법도 소개합니다. **테이블을 표현하려면 먼저 헤더가 되는 항목을 「|」로 구분하여 나열하고, 다음 행에 - (하이픈) 2개씩을 헤더 항목과 같은 개수만큼 「|」로 구분하여 적습니다.** 3번째 행 이후에 테이블의 행이 될 내용을 적어갑니다.

● 입력 예

```
|확장자| 파일
|--|--
|--|--
|.js|JavaScript 파일
```

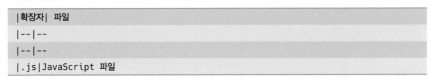

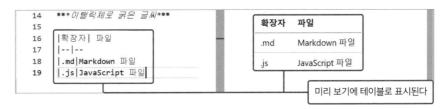

2번째 행에 하이픈 행이 없거나 항목의 수가 일치하지 않는 행이 있으면 전체가 테이블로 판별되지 않고 일반 문자열로 표시되므로 주의하세요.

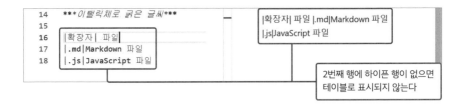

이미지를 표시한다

　Markdown 문서에는 웹 페이지와 같이 JPG 형식, PNG 형식의 이미지를 삽입할 수도 있습니다. 다음의 입력 예와 같은 서식으로, 처음에 「!」를 적고, [ ] 안에 이미지 대체 텍스트를 ( ) 안에 이미지 파일의 상대 경로를 적습니다.

● 입력 예

```
![태양 아이콘](image/07_July.png)
```

```
19    |.js|JavaScript 파일
20
21    ![태양 아이콘](image/07_July.
      png)
```

Point　　　VSCode에서 사용할 수 있는 Markdown 기법

Markdown 기법을 사용하면 이외에도 다양한 요소를 간단한 규칙으로 표현할 수 있습니다.

사용할 수 있는 Markdown 기법과 그 설명(일부)

이름	적는 법	설명
블록 인용	>	인용을 표현한다. 들여쓰여 다른 단락과 다른 스타일로 표시된다.
링크	[]()	Markdown 파일 안에 링크를 삽입한다. [] 안에 링크 텍스트를, () 안에 URL을 쓴다.

VSCode에서 사용할 수 있는 Markdown 기법에 대해서는 아래 URL을 참조하면 더욱 깊게 이해할 수 있을 것입니다.

Docs Markdown 레퍼런스(Microsoft 문서)

https://docs.microsoft.com/ko-kr/contribute/markdown-reference

section

05

검색·바꾸기를 사용한다

파일을 횡단하여
단숨에 편집

검색 · 바꾸기는 대부분의 텍스트 에디터에서 사용할 수 있는 기능인데. VSCode에는 고도의 검색과 바꾸기를 쉽게 사용할 수 있는 「검색 뷰」가 준비되어 있습니다.

하나의 파일 안에서 검색·바꾸기

모든 텍스트 에디터와 마찬가지로 VSCode에서도 메뉴 바의 [편집]─[찾기]나 `Ctrl` +`F`키로 파일 내 검색을 할 수 있습니다. 검색창이 표시되므로 거기에 검색하고 싶은 문자열을 입력합니다.

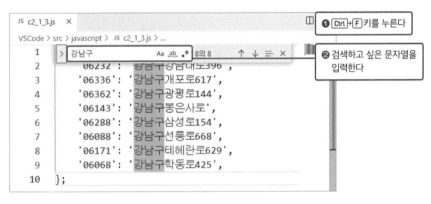

메뉴 바의 [편집]─[바꾸기]를 클릭하거나 `Ctrl`+`H`키(Mac에서는 `command`+`option` +`F`)를 누르면 검색할 문자열과 바꿀 문자열을 입력할 수 있는 윈도가 표시됩니다. 바꿀 문자열을 입력한 후, `Enter`키를 누르면 선택한 부분을 1군데씩 바꾸고, `Ctrl` +`Enter`키를 누르면 파일 안의 모든 부분을 바꿉니다.

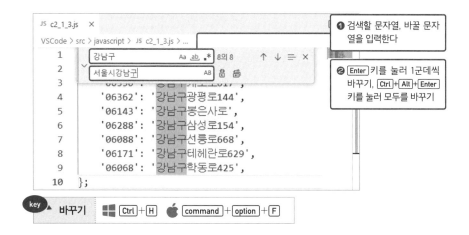

key ▶ 바꾸기　🪟 [Ctrl]+[H]　 [command]+[option]+[F]

　지금까지 소개한 내용은 1개의 파일 안에서 간편하게 검색 · 바꾸기를 하기 위한 것입니다. P.52에서 소개한 「다음 항목 추가」, 「모든 항목 선택」으로 구분하여 사용하면 좋을 것입니다.

검색 뷰로 여러 파일에서 한꺼번에 검색

　작업 표시줄의 [검색] 아이콘을 클릭하거나, [Ctrl]+[Shift]+[F] 키를 누르면 사이드 바 부분에 검색 뷰가 표시됩니다. **검색 뷰를 사용하면 열려 있는 폴더 및 작업 영역 내의 모든 파일에서 문자열을 검색할 수 있습니다.** 검색 결과는 파일 단위로 몇 군데가 검출되었는지 표시됩니다. 표시된 결과를 더블 클릭하면 해당 부분이 편집기에서 열립니다.

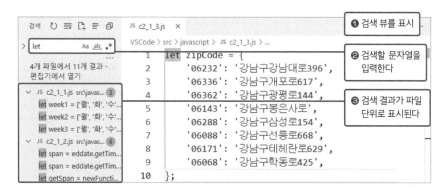

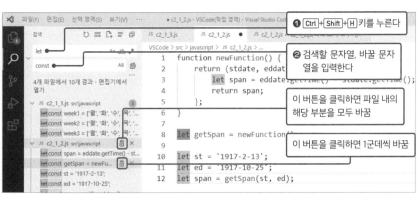

파일을 횡단하여 문자열을 바꾸기

Ctrl + Shift + H 키를 누르면 검색 뷰에서 바꿀 수 있습니다. 바꿀 문자열을 입력하면 검색 결과 부분에 바꾼 후의 미리 보기가 표시되고, 파일명 옆의 🔁 [모두 바꾸기] 버튼을 클릭하면 파일 내의 해당 부분을 한번에 바꾸고, 각각의 검색 결과 옆의 🔁 [바꾸기] 버튼을 클릭하면 1군데씩 바꿀 수 있습니다.

바꿀 문자열 입력란의 오른쪽에 있는 ⏀[모두 바꾸기] 버튼을 클릭하면 검색된 모든 파일에서 문자열을 바꿉니다. 바꾸고 싶지 않은 파일이나 부분이 있는 경우는 사전에 파일명, 검색 결과의 옆에 있는 [해제] 버튼을 클릭하여 바꾸기 대상에서 제외해 둡시다.

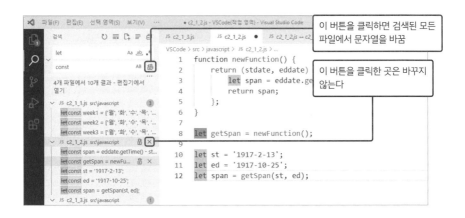

Point **[모두 바꾸기]를 취소한다**

[모두 바꾸기]를 실행하면 여러 개의 파일이 다시 쓰여지고 저장까지 자동으로 이루어지기 때문에 실수로 실행하면 피해가 매우 큽니다. 실수로 바꾸기를 실행했다면 바꾸기가 실행된 파일 중 하나에서 Ctrl+Z 키를 눌러 조작을 취소하면 편집된 모든 파일에서 바꾸기를 취소할 수 있습니다.

검색·바꾸기 대상으로 할 파일 범위를 좁힌다

검색 뷰에서 ⋯ [검색 세부 정보 설정/해제] 버튼을 클릭하거나 Ctrl+Shift+J 키를 누르면 **검색 대상이 되는 파일명을 지정할 수 있습니다.**

파일명의 지정에는 *(와일드 카드)를 사용할 수도 있습니다. 예를 들어 「포함할 파일」에 「c2*.js」라고 입력하면 파일명이 「c2」로 시작하고, 확장자가 「.js」인 파일만을 검색·바꾸기 대상으로 합니다. 반대로 「제외할 파일」로 지정해서 검색·바꾸기 대상에서 제외할 수도 있습니다.

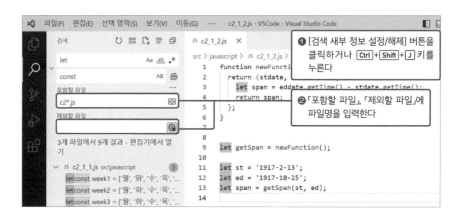

정규 표현을 사용하여 검색한다

VSCode에서의 검색은 문자열 조합을 유연하게 일치시키는 **정규 표현**을 지원합니다. 정규 표현을 사용함으로써 「같은 문자의 일정 수 이상의 반복」「특정 자릿수의 숫자」 등, **문자열 패턴을 지정하여 해당하는 것을 검색할 수 있습니다.** 검색에서 정규 표현을 사용하려면 검색하는 문자열의 입력란에 있는 .* [정규식 사용] 버튼을 클릭하거나 Alt (macOS의 경우는 option)+R 키를 누릅니다.

정규 표현에는 여러 가지가 있으므로 모두 소개할 수는 없지만, 특히 자주 사용하는 것으로 「|」(또는)를 들 수 있습니다. 검색하고 싶은 여러 문자열을 「|」(또는)로 연결하면 그중 하나라도 일치하는 부분이 모두 대상이 됩니다.

다음 이미지에서는 경칭이 「군」과 「씨」로 나누어져 있는 텍스트를 정규 표현에 의해 검색과 치환으로 「님」으로 통일하고 있습니다.

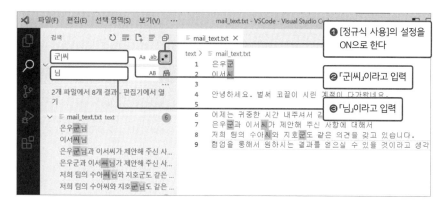

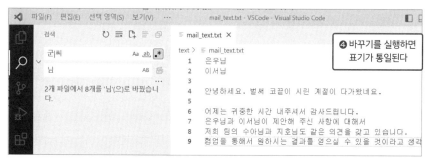

검색 뷰뿐만이 아니라, 편집기상에 표시되는 검색창에서도 [정규식 사용]을 ON으로 할 수 있습니다. 1개의 파일 안에서만 검색·바꾸고 싶은 경우는 이쪽이 편리합니다.

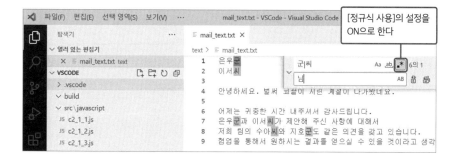

VSCode에서 사용할 수 있는 정규 표현

정규 표현에는 |(또는) 외에도 다양한 종류가 있으며, 검색·바꾸기와 조합함으로써 프로그램이나 텍스트 편집이 크게 효율화됩니다. 이 모든 것을 이 책에서 설명할 수는 없지만 VSCode에서 사용할 수 있는 정규 표현의 일부를 아래 표에 정리했습니다.

사용할 수 있는 정규 표현과 그 설명(일부)

종류	텍스트	텍스트
이스케이프	\(백슬래시)에 붙어서 문자를 적음으로써 줄바꿈 문자, 탭 문자 등의 특수한 문자를 표현한다	\n(줄바꿈 문자), \t(탭 문자) 등
문자 클래스	알파벳, 숫자 등 문자의 종류를 구별한다	[A-Z](대문자 알파벳), [1-9](숫자) 등
앵커	맨 앞, 맨 끝 등 문자열 속에서의 위치를 표현한다	^(문자열의 맨 앞, 여러 행의 문자열의 경우는 행 앞), $(문자열의 맨 끝, 행 끝) 등
그룹화 구문	문자열을 그룹으로 통합한다	()(패턴에 일치한 문자열을 통합하여 1부터 시작하는 서수를 붙인다) 등
수량자	같은 문자의 반복, 같은 패턴의 반복 등, 문자열 속에서 등장하는 횟수를 표현한다	{n}(n회 반복), {n,}(n회 이상 반복) 등

VSCode에서 사용할 수 있는 정규 표현에 대한 정보는 다음의 URL도 참조해 주세요.

정규식 언어 - 빠른 참조(Microsoft 문서)

https://docs.microsoft.com/ko-kr/dotnet/standard/base-types/regular-expression-language-quick-reference

CHAPTER

3

설정과
커스터마이즈를
이해하자

section 01

VSCode에서 무엇을 할 수 있는지 검색한다

명령 팔레트에서 간단히 명령어 실행

VSCode에서는 모든 조작이 명령어로서 관리되고 있습니다. 명령어를 능숙하게 사용하는 것이 곧 VSCode를 능숙하게 사용하는 것입니다.

명령 팔레트를 사용한다

커맨드란 「명령하다」「지휘하다」 등의 의미를 가진 영단어로, IT 분야에서는 주로 「사람이 컴퓨터에게 처리 지시를 내리는 것」이라는 의미로 사용됩니다. VSCode에서는 모든 조작이 명령어(커맨드)로 등록되어 있어, 지금까지 실행해 온 「폴더를 연다」「검색한다」「바꾼다」 등의 조작도 실은 VSCode에 등록된 명령어입니다(P.24 참조).

그리고 VSCode는 이러한 명령을 **명령 팔레트**를 사용하여 호출할 수 있습니다. 일부 명령어에는 단축키가 할당되어 있거나 메뉴 바 등에서 조작을 행할 수 있지만, **명령 팔레트를 사용하면 VSCode가 가진 모든 명령어를 쉽게 검색하여 실행할 수 있습니다.**

그럼, 명령 팔레트를 여는 순서를 소개합니다. Ctrl+Shift+P 키를 누르세요.

① Ctrl+Shift+P 키를 눌러 명령 팔레트를 실행

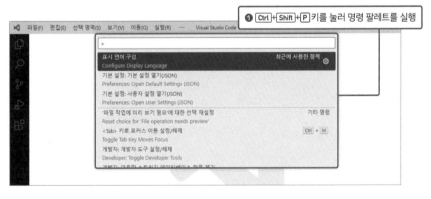

key ▶ 모든 명령어 표시

화면 위쪽에 입력란과 명령어 일람이 표시됩니다. 이것이 명령 팔레트입니다. 다만, 이 일람에는 모든 명령어가 표시되기 때문에 이대로는 원하는 명령어를 찾기 힘듭니다. 그래서 명령 팔레트에 **어구의 일부를 입력하여 명령어를 좁힙니다.**

시험 삼아 명령 팔레트에서 사용자 설정 화면을 열어 봅시다. 표시된 「>」는 지우지 말고 「settings」라고 입력해 보세요.

그러면 「settings」라는 어구를 포함한 명령어 일람이 후보로 남습니다.

여기까지 좁혔으면, [Preferences: Open User Settings]를 클릭하거나 ↑↓키로 명령어를 선택하고 Enter 키로 실행하세요. 사용자 설정 화면이 표시됩니다.

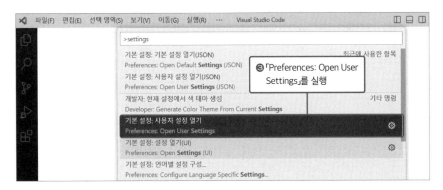

이번에는 마우스나 [Enter]키를 사용해서 대상의 명령어를 실행했는데 명령어에 단축키가 할당되어 있는 경우는 **표시대로 단축키를 눌러 실행할 수도 있습니다.**

예를 들어 「copy」라고 검색했을 경우, 다음과 같은 결과가 표시됩니다. 「File: Copy Path of Active File」이라는 명령어에는 [Shift]+[Alt]+[C]라는 단축키의 정보가 명령어 오른쪽에 표시되어 있습니다.

자주 사용하는 명령어

지금부터는 VSCode에서 자주 사용하는 명령어를 소개합니다. 명령 팔레트에서 검색할 때는 「명령어」 열에 기재된 어구를 입력하세요. 단축키가 할당되어 있는 명령어는 단축키도 기재하고 있으므로 적절히 참고해 주세요.

또한, 이번에 소개하는 명령어들은 VSCode를 한국어화한 경우, 한국어로도 검색할 수 있습니다. 다만, 모든 명령어가 한국어화 되어 있는 것은 아니기 때문에 명령 팔레트에서는 기본적으로 영어로 검색하는 것이 좋습니다.

파일 조작 관련 명령어

명령어	설명	단축키
File: Open File	파일을 연다	[Ctrl]+[O] (Mac [command]+[O])
File: Open Recent	최근에 연 항목의 이력을 연다	[Ctrl]+[R] (Mac [Ctrl]+[R])
File: New Untitled File	새로운 무제 파일을 생성	[Ctrl]+[N] (Mac [command]+[N])
File: Save	파일을 저장	[Ctrl]+[S] (Mac [command]+[S])
File: Save As	파일에 이름을 붙여 저장	[Ctrl]+[Shift]+[S] (Mac [command]+[shift]+[S])

설정에 관한 명령어

명령어	설명	단축키
Preferences: Open User Settings	사용자 설정을 연다	-
Preferences: Open Workspace Settings	작업 영역 설정을 연다	-
Preferences: Open Keyboard Shortcuts	키보드 단축키를 연다	Ctrl + K → Ctrl + S (Mac command + K → command + S)

그 밖의 명령어

명령어	설명	단축키
Viewer: Toggle Zen Mode	Zen 모드 전환	Ctrl + K → Z (Mac command + K → Z)
Extensions: Check for Extension Updates	확장의 업데이트를 확인한다	-
Close Window	VSCode를 닫는다	Ctrl + Shift + W (Mac command + shift + W)

그런데, 많은 명령어에 붙어 있는 「File:」이나 「Preferences:」와 같은 키워드는 명령어의 분류를 나타내는 접두어입니다. 예를 들어 「File:」이라고 검색을 하면 파일과 관련된 명령어 일람이 표시됩니다.

또 지금까지 설명한 것처럼, 명령 팔레트에서는 어구의 일부를 입력해 후보를 좁힐 수 있지만, 그 밖에도 명령어 이름의 대문자 부분만으로 검색할 수 있거나(예: 명령어 「File: Save」는 「FS」로도 검색 가능), 공백을 사이에 두고 여러 어구로 검색할 수 있는 편리한 기능도 있습니다.

이렇게 쉽게 명령어를 검색하고 실행할 수 있는 명령 팔레트는 VSCode에서 가장 많이 사용되는 기능 중 하나입니다. 「이런 조작을 하고 싶다」고 생각되면 먼저 명령 팔레트에서 검색해 보는 것을 추천합니다.

Point　　　　　　　**명령 팔레트에는 「>」이 필수**

명령 팔레트에서 「settings」라고 검색할 때 표시된 「>」는 지우지 말라고 설명했습니다. 그 이유는 이 기호를 삭제해 버리면 퀵 오픈이라는 다른 기능으로 전환되어 버리기 때문입니다. 퀵 오픈에 대해서는 P.172에서 설명하고 있으므로 참조해 주세요.

또 실수로 「>」를 지워도 다시 키보드로 입력하면 명령 팔레트로서 검색할 수 있습니다.

section
02

#표준 기능 / # 설정

VSCode를 자기 취향대로
커스터마이즈한다

커스터마이즈하여
더욱 사용하기 쉽게

표준 기능만을 사용하여 자신이 조작하기 쉽도록 VSCode를 커스터마이즈하는 방법을 소개합니다.

추천 설정 항목

VSCode에는 많은 설정 항목이 준비되어 있으며, 그것들을 세세하게 설정함으로써 보다 자신에게 맞는 나만의 VSCode로 커스터마이즈할 수 있습니다.

여기에서는 VSCode를 자기 취향대로 커스터마이즈하기 위한 추천 설정 항목으로 ①문자의 외관, ②행 번호의 표시 방법 ③파일의 저장 방법 ④색 테마 4가지로 각각 설정 방법을 소개합니다. 또, 조작은 모두 사용자 설정 화면에서 합니다.

문자의 외관을 변경한다

문자의 외관 설정으로서 대표적인 것으로, 글꼴 · 글꼴 크기 · 행 높이가 있습니다. 각각 변경해 봅시다. 다음 표는 각각의 설정 항목명의 일람입니다.

문자의 외관에 관한 설정 항목

설정 항목명	설명
Editor: Font Family	글꼴 종류를 변경한다
Editor: Font Size	글꼴 크기를 변경한다
Editor: Line Height	행 높이를 변경하다

글꼴 종류를 변경한다

그럼 글꼴 종류를 변경해 봅시다. 먼저 사용자 설정 화면을 엽니다. 사용자 설정 화면을 열려면 [관리] 버튼(윈도 왼쪽 아래의 톱니바퀴 마크)-[설정]을 클릭하거나 명령 팔레트에서 「Preferences: Open User Settings」 명령어를 실행합니다.

이어서 목적의 설정 항목을 좁힙니다. 이번은 「Editor: Font Family」라는 설정을 검색하므로 「font family」라고 입력하세요. 표시된 후보에서 「Editor: Font Family」를 찾습니다. 이번처럼 설정하려는 항목명을 알고 있는 경우는 설정 화면에서 검색하는 방법이 편리합니다.

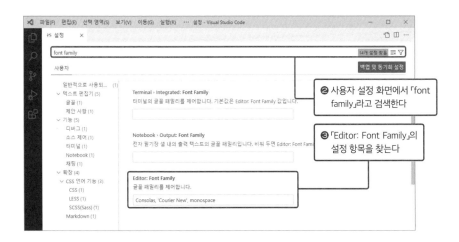

OS에 따라 기본값은 다르지만, 이 단말에서는 「Consolas, 'Courier New', monospace」라는 3개의 글꼴이 쉼표로 구분되어 표시되어 있습니다. VSCode에서는 이렇게 **쉼표로 구분하여 여러 글꼴을 지정할 수 있습니다.** 가장 왼쪽의 글꼴을 우선적으로 읽어 들이고, 읽어 들일 수 없는 문자에 대해서는 그 오른쪽 옆의 글꼴로 읽어 들이는 방식으로 사용됩니다.

이 설정을 변경하여, 자신이 사용하고 싶은 글꼴로 바꿉시다. 여기서는 「Consolas」를 「Malgun Gothic(맑은 고딕)」으로 바꿔보겠습니다. 참고로 「Courier New」와 같이 글꼴명에 공백이 들어가 있는 경우는 작은따옴표(')로 둘러쌉니다.

Editor: Font Family

글꼴 패밀리를 제어합니다.

❹「Consolas」를「Malgun Gothic」으로 변경

Malgun Gothic, 'Courier New', monospace

그럼, 글꼴이 변경되었는지 확인해 보겠습니다. 다음 2개 이미지는 변경 전의 「Consolas」와 변경 후의 「Malgun Gothic」으로 입력한 문장입니다. 각각 글꼴이 다른지 확인해 주세요.

글꼴 크기를 변경한다

이어서 글꼴 크기를 변경해 봅시다.

「Editor: Font Size」의 설정 항목을 확인해 주세요. 이 단말에서는 기본 글꼴 크기가 「14(픽셀)」입니다. 이 값을 변경하여 자신이 원하는 글꼴 크기로 합시다. 여기서는 「20」으로 변경합니다.

Editor: Font Size

글꼴 크기(픽셀)를 제어합니다.

글꼴 크기를 「14」에서 「20」으로 변경

20

글꼴 크기가 변경되었는지 확인해 봅시다. 글꼴 크기가 20이 되니 글자가 커졌습니다.

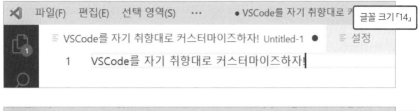

글꼴 크기「14」

글꼴 크기「20」

행 높이를 변경한다

마지막으로 행 높이를 변경해 봅시다.

「Editor: Line Height」의 설정 항목을 표시해 주세요. 기본값은 「0」으로 되어 있으므로 필요에 따라 원하는 숫자로 변경합니다. 여기서는 「3」으로 변경합니다. 참고로 「0」은 글꼴 크기에 맞게 행 높이를 자동으로 조정하는 것을 의미합니다.

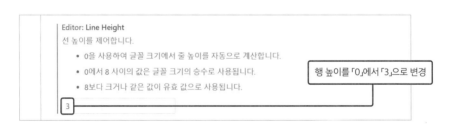

행 높이를 「0」에서 「3」으로 변경

그럼 행 높이가 변경된 것을 확인해 봅시다. 글꼴 크기는 그대로, 행 높이만 변경된 것을 확인해 주세요.

행 높이「0」

행 번호의 표시 방법을 변경한다

행 번호의 표시 방식도 설정에서 변경할 수 있습니다.

행 번호란 편집기의 맨 왼쪽에 표시되어 있는 행 수를 나타내기 위한 번호를 말합니다. 행 번호가 있으면 행 수 확인이 쉬워지지만, 불필요한 경우는 「Editor: Line numbers」라는 설정 항목에서 숨김으로 바꿀 수도 있습니다. 또한, 표시 · 숨김 이외의 설정도 있습니다.

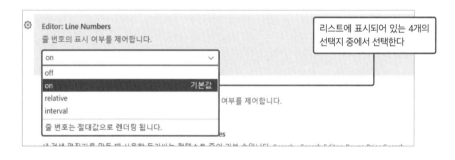

Editor: Line numbers의 설정값

설정값	설명
on	행 번호를 표시한다(기본값)
off	행 번호를 표시하지 않는다
relative	커서가 있는 위치에서부터의 상대적인 행 수를 표시한다
interval	10행마다 행 번호를 표시한다

각각의 설정값에서 행 번호가 어떻게 표시되는지 살펴봅시다.

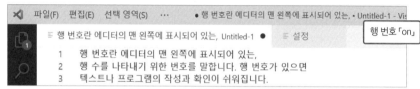

「on」으로 하면 행 번호가 표시된다

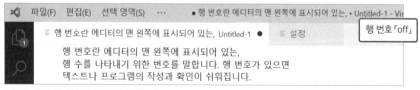

「off」로 하면 행 번호가 표시되지 않는다

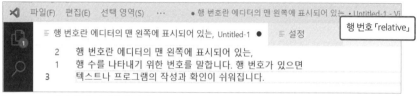

「relative」로 하면 현재 선택한 행에서부터의 상대적인 행 수(그 행으로부터 몇 행 떨어져 있는가)가 표시된다

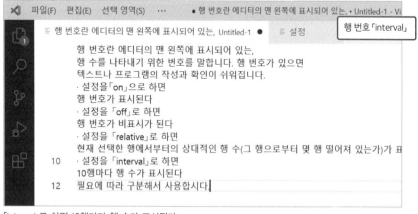

「interval」로 하면 10행마다 행 수가 표시된다

파일을 자동 저장한다

「Files: Auto Save」라는 설정 항목을 기본값에서 변경하면 편집한 파일이 자동으로 저장되므로 저장하는 걸 잊어버릴 일이 없어집니다.

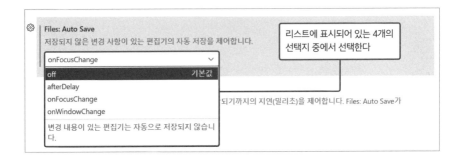

Files: Auto Save의 설정값

설정값	설명
off	파일을 자동 저장하지 않는다(기본값)
afterDelay	「Files: Auto Save Delay」에서 지정한 시간이 경과하고 나서 자동 저장한다
onFocusChange	편집기에서 조작하고 있는 파일을 전환하면 자동 저장한다(P.27 참조)
onWindowChange	VSCode에서 포커스가 벗어났을 때(다른 앱을 조작했을 때 등) 자동 저장한다

「Files: Auto Save」의 설정값이 「afterDelay」인 경우, 「Files: Auto Save Delay」에서 설정한 시간이 경과한 후 저장합니다. 단위는 밀리초임에 유의하세요. 기본값은 1000으로 되어 있지만, 자신이 원하는 시간으로 변경할 수 있습니다.

> **Files: Auto Save Delay**
> 저장되지 않은 변경 내용이 있는 편집기가 자동으로 저장되기까지의 지연(밀리초)을 제어합니다. Files: Auto Save가 'afterDelay'(으)로 설정된 경우에만 적용됩니다.
>
> `1000`

색 테마를 변경한다

마지막으로 **색 테마**를 변경하는 방법을 소개합니다.

색 테마란 VSCode 전체의 배색 설정을 말합니다. 문자의 가독성이나 모티베이션 등에도 상관이 있기 때문에 자신에게 맞는 것으로 변경해 봅시다. 참고로 이 책에서는 지금까지 많은 VSCode의 스크린샷을 게재했는데, 대부분 「Light+」라는 색 테마를 사용하고 있습니다. 색 테마는 「Workbench: Color theme」라는 설정 항목에서 설정할 수 있습니다.

설정은 리스트 중에서 선택하는 방식입니다. 많은 선택지가 있어 고민될 수 있지만, 다양한 테마를 사용해 보면서 자신에게 맞는 설정을 찾아봅시다.

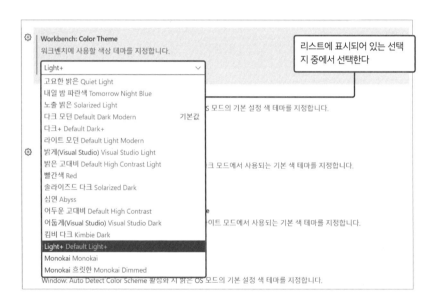

또한, 색 테마에 관한 확장을 설치하면 이 리스트에 없는 배색도 추가할 수 있습니다.

section

03 작업 영역별로 설정을 바꾼다

프로젝트별로 구분하여 사용

VSCode는 우선도가 다른 여러 개의 「설정」을 가지고 있습니다. 이것을 이용해 유연한 환경을 구축하는 방법을 소개합니다.

VSCode에서의 「설정」에 대하여

지금까지 VSCode를 조작하여 많은 설정을 변경해 왔는데, 그 모든 것이 「사용자 설정」의 변경이었습니다. 그런데 VSCode에는 다음의 표와 같이 **사용자 설정 이외의 설정이 존재합니다.** 어떻게 다른지 자세히 소개합니다.

VSCode에서의 설정 종류

설정	설명	설정 파일
사용자 설정	사용자별 설정	settings.json
작업 영역 설정	작업 영역별 설정	[파일명].code-workspace 내의 「settings」의 부분
폴더 설정	작업 영역 내의 폴더별 설정	settings.json

사용자 설정이란

사용자 설정이란 이름 그대로 사용자별 설정으로, VSCode 전체에 대한 설정입니다. 화면에서 설정을 변경하는 경우는 사용자 설정 화면을 조작합니다. 또한, 화면에서 변경한 내용은 settings.json이라는 JSON 형식의 설정 파일도 연동하여 변경되도록 되어 있으며, 이 settings.json을 편집하는 것으로도 설정을 변경할 수 있습니다(P.97 참조).

사용자 설정의 settings.json은 단말이나 설정에 따라 다르지만 Windows면 「C:\Users\[사용자명]\AppData\Roaming\Code\User」, Mac이면 「/Users/[사용자명]/Library/Application Support/Code/User」가 기본 저장 위치입니다.

작업 영역 설정을 여는 방법

작업 영역 설정이란 작업 영역별로 지정하는 설정을 말합니다. 작업 영역 설정에서는 사용자 설정과 동일한 항목을 설정할 수 있습니다. 작업 영역의 설명이나 생성 방법에 대해서는 P.48을 참조해 주세요.

작업 영역 설정도, 설정 화면에서 설정 변경하는 방법과 JSON 형식의 설정 파일을 편집하는 방법이 있습니다. 다만, 작업 영역 설정의 경우는 settings.json이라는 파일이 아니라, 작업 영역을 저장했을 때에 생성되는 [파일명].code-workspace내의 「settings」의 부분을 편집하게 됩니다(이 부분을 settings.json이라고 부르기도 합니다).

작업 영역 설정 화면을 여는 순서

1. [관리] 버튼(윈도 왼쪽 아래쪽의 톱니바퀴 마크)을 클릭하고 [설정]을 선택하여 설정 화면을 연다

2. 설정 화면이 열리면 [사용자] 탭 옆에 있는 [작업 영역] 탭을 클릭한다

JSON 형식의 설정 파일을 여는 순서

1. 명령 팔레트에서 「workspace settings」, 「settings」 등으로 검색하여 명령어 「Preferences: Open Workspace Settings(JSON)」를 실행

2. 작업 영역용 정의 파일([파일명].code-workspace)이 열리므로 「settings」의 부분을 편집, 저장한다

폴더 설정을 여는 방법

하나의 작업 영역에는 다른 위치에 있는 여러 폴더를 포함할 수 있는데, VSCode에서는 작업 영역뿐만 아니라 폴더별로 설정을 변경할 수 있습니다. 이것이 **폴더 설정**입니다. 단, 설정할 수 있는 항목은 한정적입니다.

폴더 설정도 사용자 설정이나 작업 영역 설정과 같이, 설정 화면에서 설정 변경하는 방법과 JSON 형식의 설정 파일을 편집하는 방법이 있습니다. 폴더 설정의 경우는 settings.json이라는 파일을 편집합니다. **사용자 설정의 설명에서 등장한 settings.json과 이름이 같지만 다른 파일이므로 주의하세요.**

폴더 설정의 settings.json은 작업 영역에 추가한 각 폴더 안에 있는 「.vscode」 폴더 내에 저장됩니다. 작업 영역 내의 폴더가 아니면 저장되지 않으므로 주의하세요.

폴더 설정 화면을 여는 순서

1. 명령 팔레트에서 「folder settings」, 「settings」 등으로 검색하여 명령어 「Preferences: Open Folder Settings」를 실행
2. 원하는 폴더를 선택한다
3. 설정 화면이 열리면 [사용자] [작업 영역] 탭 옆에 폴더명의 탭이 표시되어 있는 것을 확인한다

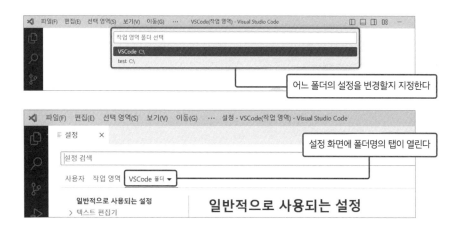

또한, 폴더명의 탭을 선택하면 표시되는 [▼]를 클릭해서 다른 폴더를 선택할 수도 있습니다.

JSON 형식의 설정 파일을 여는 방법

1. 명령 팔레트에서 「folder settings」, 「settings」 등으로 검색하여 명령어 「Preferen ces: Open Folder Settings(JSON)」를 실행

2. 원하는 폴더를 선택한다

3. settings.json이 열리므로 편집, 저장한다

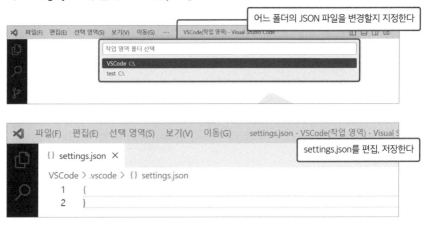

3가지 설정의 관계와 우선도

지금까지 사용자 설정·작업 영역 설정·폴더 설정의 3종류 설정에 대해 설명했는데, 이러한 설정의 관계와 우선도를 정리하면 다음 그림과 같습니다.

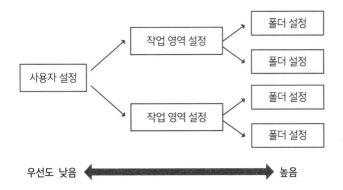

우선도 낮음 ◀━━━━━━━━━━━━━━━━▶ 높음

이처럼 설정을 계층으로 나눔으로써 다음과 같은 이점을 얻을 수 있습니다.

- 여러 개발 프로젝트에 속한 사람이 작업 영역마다 다른 설정을 적용할 수 있다
- 작업 영역별로(색 테마 등) 설정을 바꿈으로써 프로젝트를 혼동하기 어려워진다
- 작업 영역이나 폴더 등 그 계층에서 적용하고 싶은 설정만 변경하면 된다

작업 영역별로 색 테마를 바꿔본다

지금까지 VSCode에서의 「설정」에 대해 설명해 왔습니다. 여기서부터는 실제로 작업 영역을 여러 개 생성하여 각기 다른 색 테마를 설정해 봅시다.

작업 영역을 생성한다

사전 준비로 작업 영역을 여러 개 생성합니다. 여기에서는 「VSCode」「VSCode_2」라는 2가지 작업 영역을 준비했습니다. 작업 영역을 만드는 방법은 P.48을 참조하세요.

작업 영역 설정을 실시한다

이어서 작업 영역 설정을 변경하여 작업 영역별로 색 테마를 설정합니다. 잠시 복습해 보면, 작업 영역 설정을 변경하려면 설정 화면에서 변경하는 방법과 JSON 형식의

설정 파일을 편집하는 방법이 있었습니다. 이번에는 설정 화면에서 색 테마를 설정합니다.

그럼, 시험 삼아 「VSCode」라는 작업 영역에는 「Abyss」라는 색 테마를 설정해 봅시다.

우선 작업 영역 「VSCode」를 엽니다. 메뉴 바의 [파일]-[파일에서 작업 영역 열기]를 클릭하고, 열고 싶은 .code-workspace 파일(이번은 VSCode.code-workspace)을 선택합니다.

이어서 앞에서 소개한 순서대로 작업 영역 설정 화면을 열고, 「Workbench: Color Theme」 설정 항목을 표시한 다음, 「Abyss」를 선택합니다. 그러면 그전까지 사용자 설정의 「Light+」가 적용되어 전체적으로 흰색 배색이었으나 검은색 배색으로 변경되었습니다.

이로써 작업 영역 「VSCode」에 개별적으로 색 테마를 설정할 수 있었습니다. 이어서 작업 영역 「VSCode_2」에도 색 테마를 설정해 보겠습니다.

VSCode에서는 1개의 윈도에서 여러 개의 작업 영역을 동시에 열어 둘 수 없기 때문에 명령어 「Workspace: Close Workspace」를 실행하거나, Ctrl+K를 누른 후 F를 누르고 나서 열려 있던 작업 영역 「VSCode」를 한 번 닫습니다.

작업 영역을 닫았을 때, 조금 전 설정한 색 테마 「Abyss」가 해제되고 사용자 설정의 「Light+」 색 테마로 돌아간 것을 확인해 주세요. 작업 영역 설정은 해당 작업 영역을 열고 있는 동안에만 유효하다는 것을 알 수 있습니다.

작업 영역을 열지 않은 동안에는 사용자 설정이 적용된다

다음으로, 조금 전과 같은 절차로 작업 영역 「VSCode_2」와 작업 영역 설정 화면을 열어 「Workbench: Color Theme」 설정 항목을 표시합니다. 이번에는 「Solarized Light」를 선택하니 연한 노란색 배색으로 변경되었습니다.

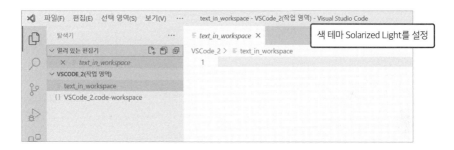

색 테마 Solarized Light를 설정

이렇게 작업 영역 설정을 사용하면 작업 영역마다 다른 설정을 할 수 있습니다. 이번에는 색 테마를 변경했는데, 이전에 소개한 것처럼 글꼴이나 글꼴 크기 등을 변경해도 좋습니다.

또, 지금까지 설정 변경은 모두 설정 화면에서 실시했습니다. 매번 명령어를 실행하여 설정 화면을 열고, 목적의 설정 항목을 찾는 등의 절차를 거쳐야 하기 때문에 「번거롭다」고 생각하신 분들도 있지 않을까요? 그럴 때 유효한 것이 settings.json을 직접 편집하는 방법입니다. 이 방법을 사용하면 작업 시간을 크게 줄일 수 있습니다. 구체적인 절차에 대해서는 다음 페이지부터 설명합니다.

section
04

#표준 기능 / #설정

JSON 파일에서 고급 설정을 한다

신속하게
단숨에 설정 변경

JSON 파일을 편집하여 설정을 변경할 수 있게 되면 VSCode를 보다 깊게 이해하고, 보다 편리하게 사용할 수 있습니다.

JSON이란

지금까지 「settings.json」 및 「JSON 형식의 설정 파일」 등 JSON이라는 단어를 사용한 용어가 여러 번 등장했는데, 여기서 다시 JSON에 대해 설명합니다.

JSON은 「JavaScript Object Notation」의 약어로, 데이터를 교환하는 데 적합한 파일 형식입니다. 「제이슨」이라고 읽습니다.

정식 명칭에도 있는 JavaScript의 규칙을 기반으로 한 파일 형식인데, 다른 언어와의 데이터 교환에도 사용됩니다. 또한, JSON 형식으로 작성된 파일(=JSON 파일)은 기본적으로 「.json」의 확장자가 붙는 경우가 많지만, 절대적으로 필요한 것은 아닙니다. 작업 영역 설정에서 등장한 「[파일명].code-workspace」는 확장자가 「.json」은 아니지만 JSON 형식으로 쓰여진 파일이기 때문에 JSON 파일이라고 할 수 있습니다.

이어서 JSON의 표기 형식에 대해서 간단히 소개합니다.

● JSON의 표시 형식

```
{
    "키 이름": 수치,
    "키 이름": 부울값,
    "키 이름": "문자열"
}
```

JSON의 기본 표기 형식은 JavaScript의 객체 리터럴과 같이 {} 안에 큰따옴표(")로 감싼 **「키 이름」**과 대응하는 **「값」**을 콜론(:)으로 구분해 입력하는 것입니다. 값에 대해서는 문자열, 수치, 부울값(true/false), 배열 등의 데이터형을 취할 수 있습니다. 이러한

값은 기본적으로는 큰따옴표(")로 둘러싸서 표기하는데, 수치나 부울값의 경우는 사용하지 않습니다. 또한, 쉼표(,)를 사용하면 1쌍의 {} 안에 여러 데이터를 입력할 수 있습니다. 기본적인 표시 형식은 이게 전부입니다.

설정 화면과 settings.json의 관계

JSON을 이해했으니, **settings.json**에 대해 알아봅시다.

settings.json이란 사용자 설정용 설정 파일로, 확장자가 「.json」인 JSON 파일입니다. 사용자 설정 화면과 연동되어 있으며, 사용자 설정 화면을 변경하면 대응하는 설정 항목에 대한 기술이 settings.json 상에서 자동으로 재작성됩니다. 따라서 settings.json을 직접 수정하여 사용자 설정을 변경할 수 있습니다. 또한 일부 항목에 대해서 설정 화면에서 설정 변경을 할 수 없고 settings.json에서만 설정할 수 있는 것도 있습니다.

그럼 실제로 사용자 설정 화면과 settings.json을 살펴보겠습니다. 예를 들어 글꼴 크기 설정을 열면 사용자 설정 화면과 settings.json 화면은 각각 다음과 같습니다. 현시점의 글꼴 크기는 15입니다.

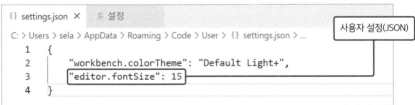

P.78에서 설명했다시피 사용자 설정 화면에서 글꼴 크기의 설정 항목명은 「Editor: Font Size」입니다.

한편 settings.json에서는 「Editor: Font Size」가 아닌 「editor.fontSize」라는 키 이름

이 사용됩니다. settings.json에서는 설정 화면상에서 표시되고 있는 설정 항목 이름이 아닌 분류별로 마침표(.)로 구분하여 표현하는 **설정 ID**가 각각의 항목에 할당되어 있습니다.

즉, settings.json에서는 「**키 이름**」에 설정 ID가, 「**값**」에는 **설정값**이 사용되는 것입니다. 설정값이 문자열이면 큰따옴표로 둘러싸고, 수치나 부울값이면 그대로 기술합니다. 이번에는 글꼴 크기가 15라는 수치이기 때문에 그대로 기술하고 있습니다.

또한, 무심코 잊어버리기 쉬운 점으로 쉼표의 존재가 있습니다. settings.json에서는 한 쌍의 {} 안에 설정을 열거하기 때문에 **설정과 설정은 쉼표로 구분해야 합니다**. 덧붙여 쉼표만 있으면 1행에 이어서 설정을 써나갈 수도 있지만, 줄바꿈하고 나서 다음 설정을 기술하는 것을 추천합니다. 1행에 1개의 설정이 되어 있으면 보기 편하고, 문법적인 오류를 있을 경우에도 원인을 찾기 쉽기 때문입니다.

● **settings.json의 표기 형식**

```
{
    "설정 ID": "설정값",
    "설정 ID": 설정값,
    "설정 ID": 설정값
}
```

다음으로 사용자 설정 화면과 settings.json이 연동되어 있는지 보기 위해 사용자 설정 화면에서 글꼴 크기를 15에서 20으로 변경해 보겠습니다.

다시 settings.json을 열어보면, settings.json을 열고 편집하지 않았음에도 editor. fontSize가 20으로 변경되었습니다.

```
{} settings.json ×    설정
C: > Users > sela > AppData > Roaming > Code > User > {} settings.json > ...
    1    {
    2         "workbench.colorTheme": "Default Light+",
    3         "editor.fontSize": 20
    4    }
```

사용자 설정 화면에 연동되어
settings.json 값도 바뀐다

settings.json의 편집 방법

지금부터는 settings.json을 구체적으로 어떻게 편집해야 하는지에 대해서 알아보겠습니다. 순서는 다음과 같습니다.

settings.json을 편집하는 순서

1. 명령 팔레트에서 「settings」라고 검색하고, 명령어 「Preferences: Open Settings(JSON)」를 실행

비슷한 명령어로 「Preferences: Open Default Settings(JSON)」도 있으니 주의하시기 바랍니다. 이 명령을 실행하면 defaultSettings.json이 열리는데, 이는 초기 설정을 관리하는 설정 파일이므로 사용자는 값을 변경할 수 없습니다.

2. settings.json이 열리므로 편집하고 저장한다

settings.json을 편집하는 방법을 이미 있는 설정을 변경하는 경우와 신규 추가하는 경우로 나누어 소개합니다.

이미 있는 설정을 변경하는 경우

settings.json에 이미 있는 설정을 변경하는 경우에는 간단히 설정값을 수정하기만 하면 됩니다.

예를 들어, 방금 변경한 글꼴 크기를 20에서 15로 되돌려 보겠습니다. 「editor. fontSize」를 보면 「20」이라는 값이 세팅되어 있기 때문에 이것을 「15」로 바꿔 씁니다.

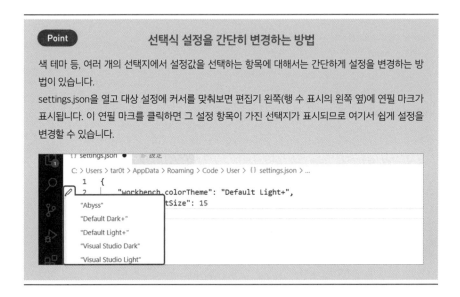

```
{} settings.json X     ≡ 설정
C: > Users > sela > AppData > Roaming > Code > User > {} settings.json >
  1   {
  2         "workbench.colorTheme": "Default Light+",
  3         "editor.fontSize": 15
  4   }
```

「editor.fontSize」의 설정값 20을 15로 바꿔 쓴다

편집한 후 덮어 써 저장합니다. 저장하고 설정이 반영되면 설정 변경은 완료입니다.

Point 　　　　　**선택식 설정을 간단히 변경하는 방법**

색 테마 등, 여러 개의 선택지에서 설정값을 선택하는 항목에 대해서는 간단하게 설정을 변경하는 방법이 있습니다.

settings.json을 열고 대상 설정에 커서를 맞춰보면 편집기 왼쪽(행 수 표시의 왼쪽 옆)에 연필 마크가 표시됩니다. 이 연필 마크를 클릭하면 그 설정 항목이 가진 선택지가 표시되므로 여기서 쉽게 설정을 변경할 수 있습니다.

```
{} settings.json ●     ≡ 设定
C: > Users > tar0t > AppData > Roaming > Code > User > {} settings.json > ...
  1   {
  2         "workbench.colorTheme": "Default Light+",
              tSize": 15
  "Abyss"
  "Default Dark+"
  "Default Light+"
  "Visual Studio Dark"
  "Visual Studio Light"
```

신규 추가하는 경우

신규 추가, 즉 settings.json에 새로운 설정을 추가하는 경우는 목적의 설정 항목에 대응하는 설정 ID를 알아보고 직접 입력해야 합니다.

그렇다고 해도, 브라우저에서 그때마다 조사하여 복사&붙여넣기할 필요는 없습니다. 코드 보완 기능을 사용하여 문자를 입력하면서 조사하는 방법과 설정 화면에서 설정 ID를 복사하는 편리한 방법을 소개합니다.

코드 보완 기능을 사용하는 방법

settings.json에서 어떤 문자를 입력했을 때, 해당 어구를 포함한 설정 ID의 후보가 자동으로 표시됩니다. 이것이 **코드 보완 기능**입니다.

예를 들어 「"editor."」만 입력해 보면 다음과 같이 「editor.」 어구를 가진 설정 ID의 일람이 그 설명과 함께 표시됩니다. 다음은 여기에서 목적의 설정 ID를 찾아 클릭하거나 Enter 키로 선택하면 됩니다.

「"editor."」라고 입력하면 후보가 표시된다

행의 높이에 관한 설정 「editor.lineHeight」를 선택해 보겠습니다. 그러면 설정 ID와 설정값이 JSON 형식으로 한 번에 입력됩니다. 이 설정값은 기본값이므로 원하는 설정값으로 변경합시다.

```
{} settings.json ●          설정
C: > Users > sela > AppData > Roaming > Code > User > {} settings.json > ...
  1    {
  2        "workbench.colorTheme": "Default Light+",
  3        "editor.fontSize": 15,
  4        "editor.lineHeight": 0
  5    }
```

「"editor.lineHeight": 0」이 입력되었다

또, 코드 보완 기능은 문자 입력 중이 아니어도 표시시킬 수 있습니다. 이럴 때는 입력된 문자에 커서를 놓고 Ctrl+Space를 누르세요.

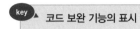 

key ▲ 코드 보완 기능의 표시 ⊞ Ctrl + Space ⌘ command + I

설정 화면에서 설정 ID를 복사하는 방법

설정 ID를 직접 조사하는 다른 방법으로서, 설정 화면에서 설정 ID를 복사하는 방법에 대해 소개합니다.

우선 사용자 설정 화면을 엽니다.

임의의 설정 항목명의 부근을 클릭하면 톱니바퀴 마크가 표시되므로 클릭합니다. 그러면 [설정을 JSON으로 복사]라는 선택지가 표시되므로 이것을 클릭하는 것으로 설정 ID를 복사할 수 있습니다.

톱니바퀴 마크를 클릭하고 나서 [설정을 JSON으로 복사]를 클릭

설정 ID를 복사했으면 settings.json으로 돌아가서, Ctrl + V 등으로 붙여넣기합시다. 조금 전 복사한 설정 ID와 설정값이 JSON 형식으로 입력됩니다. 이 경우도 설정값은 기본값이 입력되어 있으므로 원하는 값으로 변경합시다.

덧붙여 [설정을 JSON으로 복사]가 아니라 [설정 ID 복사]를 선택하면 설정 ID만을 복사할 수도 있습니다.

settings.json에서 붙여넣으면 설정 ID가 JSON 형식으로 입력된다

settings.json 편집에 관한 편리한 기능

지금까지 settings.json의 편집 방법에 대해서 설명을 했는데, 그 밖에도 settings. json을 편집할 때 도움이 되는 기능이 있습니다.

팝업으로 설명을 표시시킨다

settings.json의 내용이 길어지면 설정 ID만을 보고 그 설정이 무엇인지 파악하기 어렵습니다. 그럴 때, 설정 ID나 설정값에 마우스 포인터를 맞추면 다음과 같이 설명이 팝업으로 표시됩니다. 이 기능을 사용하면 설정 ID를 검색해서 찾아볼 필요가 없습니다.

주석을 기재할 수 있다

설명이 팝업으로 표시되더라도 「한눈에 그 설정의 설명을 보고 싶다」「그 설정에 대해 메모를 남겨 두고 싶다」는 경우는 settings.json에 주석을 기재합시다.

settings.json에서는 **슬래시를 2개(//) 넣음으로써, 그 행에 입력되는 문자를 주석으로 인식시킬 수 있습니다**. 주석이므로 JSON 표기 형식에 따를 필요는 없습니다. 설정의 설명을 자유롭게 작성해도 되고, 비고나 그 설정을 행한 이유를 적어도 됩니다.

또한, 주석을 입력할 때는 VSCode의 주석 처리 단축키를 사용하면 편리합니다. [Ctrl] +[/]를 누르면 그 행을 편집 중인 언어(이 경우 JSON)의 규칙에 따라 주석 처리해 줍니다(P.162 참조).

```
{} settings.json ●        ☰ 설정

C: > Users > sela > AppData > Roaming > Code > User > {} settings.json > ...
    1   {
    2       "workbench.colorTheme": "Default Light+",
    3       "editor.fontSize": 15,
    4       // 행 높이에 관한 설정
    5       "editor.lineHeight": 0
    6   }
```

> 행의 시작에 「//」를 입력하면 그 행은 주석 행으로 인식된다

「//」는 **그 행이 주석임을 선언하고 있다**는 것에 주의해 주세요. 주석 행이 2행이 된 경우, 다음과 같이 2번째 행에도 「//」가 없으면 오류가 납니다.

```
{} settings.json 2 ●       ☰ 설정

C: > Users > sela > AppData > Roaming > Code > User > {} settings.json > ...
    1   {
    2       "workbench.colorTheme": "Default Light+",
    3       "editor.fontSize": 15,
    4       // 행 높이에 관한 설정
    5       글꼴 크기로부터 자동으로 높이를 설정하려면 0을 입력
    6       "editor.lineHeight": 0
    7   }
```

> 5번째 행에 「//」가 없으면 주석이라고 인식되지 않고 오류가 난다

오류인 경우는 빨간색으로 바뀐다

조금 전 주석의 예에서도 표시되었듯이, settings.json에서는 문법적인 오류가 발생하면 그 부분이 빨간색이 됩니다. 입력한 문자가 빨간색으로 표시되면 어딘가에서 실수를 한 것이므로 다시 확인하도록 합시다.

```
{} settings.json 1 ●       ☰ 설정

C: > Users > sela > AppData > Roaming > Code > User > {} settings.json > # editor.for
    1   {
    2       "workbench.colorTheme": "Default Light+",
    3       "editor.fontSize": 15
    4       "editor.lineHeight": 0
    5   }
```

> 이 예에서는 3번째 행의 마지막에 쉼표가 없기 때문에 4번째 행에서 오류가 나고 있다

지금까지 settings.json 편집에 관한 편리한 기능을 일부나마 소개했습니다. 이러한 기능을 잘 활용하면 단시간에 settings.json에서 설정을 변경할 수 있습니다. 처음에는 익숙하지 않을 수 있지만, 사용하다 보면 settings.json이 더 편하다고 느끼게 될 수도 있습니다.

또한, 작업 영역 설정이나 폴더 설정에서도 사고방식은 같습니다. 작업 영역 설정의 경우는 settings.json이라는 파일이 아닌 사용자가 작업 영역을 저장했을 때에 생성되는 [파일명].code-workspace의 [settings] 부분을 편집하게 되므로 주의합시다. 기술하는 부분만 약간 다를 뿐 기술 방법은 사용자 설정의 settings.json과 동일합니다. 폴더 설정의 경우는 폴더 설정용의 settings.json 파일을 편집합시다.

Point **사용자 설정 화면과 settings.json을 간단히 전환한다**

지금까지 사용자 설정 화면도 settings.json도 여는 경우는 명령 팔레트에서 명령어를 실행하도록 소개했습니다. 그러나 실은 어느 한쪽을 열고 있으면 간단히 다른 한쪽의 화면을 열 수 있습니다.

사용자 설정 화면을 열고 있는 경우, 편집기 오른쪽 위에 표시되어 있는 ⬆ [설정(JSON) 열기] 아이콘을 클릭하여 settings.json을 열 수 있습니다. 같은 버튼은 settings.json을 열었을 때도 표시되어 있으므로 settings.json에서 사용자 설정 화면으로 전환할 수도 있습니다.

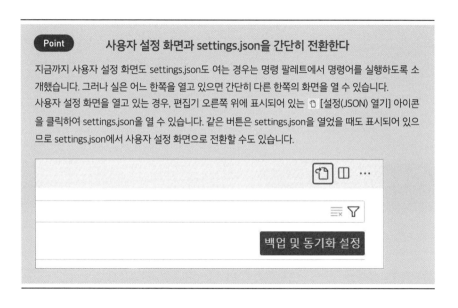

#표준 기능 / #설정

section

05

설정을 다른 컴퓨터와 동기화한다

자신 고유의 설정을
어느 컴퓨터에서나

Settings Sync를 사용하면 자기 전용 설정의 VSCode를 여러 단말에서 사용할 수 있습니다.

Settings Sync란

Settings Sync란 여러 단말에서 VSCode 설정을 동기화하기 위한 표준 기능입니다.
다음의 7가지 설정을 공유할 수 있습니다.

- 설정
- 바로 가기 키
- 사용자 코드 조각
- 사용자 작업
- 확장
- UI(외관) 상태
- 프로필

이 기능을 사용해서, 예를 들어 직장 컴퓨터에 만들어 놓은 VSCode의 설정을 자기
집 컴퓨터에 있는 VSCode와 공유하거나 지금 사용하고 있는 컴퓨터가 고장났을 때 새
컴퓨터에서 VSCode의 설정을 복원할 수 있습니다.

그리고 본 기능이 릴리스되기 전까지는 Settings Sync라는 서드파티 확장을 사용해
설정을 동기화할 수 있었으나, 이번에 설명하는 표준 기능의 Settings Sync와는 별개
이므로 혼동하지 않도록 주의하세요.

또한, Settings Sync를 사용하려면 Microsoft 계정이나 GitHub 계정이 필요하므로
둘 중 하나를 준비합시다. 이번에는 GitHub 계정을 사용하여 설명합니다. GitHub 계정
에 대해서는 P. 206에서 설명합니다.

동기화 원본 컴퓨터에서의 조작

　Settings Sync의 사용법을 동기화 원본과 동기화 대상으로 나누어 살펴봅시다. 우선은 동기화 원본의 컴퓨터에서 GitHub 계정과의 연동 설정을 실시합니다.

　[관리] 버튼(윈도 왼쪽 아래의 톱니바퀴 마크)-[백업 및 동기화 설정]을 클릭합니다.

　화면 윗부분에 [설정 동기화] 윈도가 표시되므로 [로그인]을 클릭합니다.

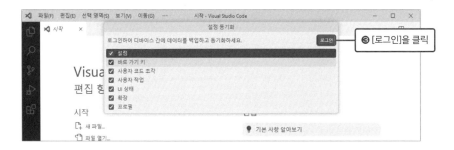

　Microsoft로 로그인할지 GitHub로 로그인할지 물어보면 [GitHub(으)로 로그인]을 선택합니다.

　그러면 브라우저가 시작되고, 다음과 같은 화면이 표시됩니다. 계정 정보를 입력하고 [Sign in] 버튼을 클릭합시다.

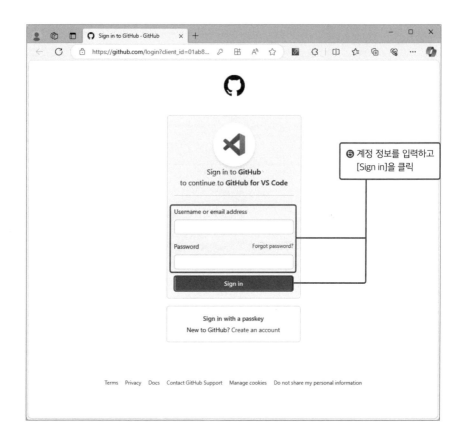

⑤ 계정 정보를 입력하고
[Sign in]을 클릭

로그인에 성공하면 다음과 같은 화면이 표시됩니다. [Authorize Visual-Studio-Code]를 클릭해 인증합니다.

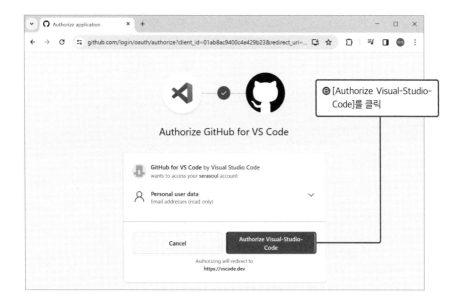

다음 화면에서 표시되는 팝업의 [Visual Studio Code 열기]를 클릭합니다.

　자동으로 브라우저에서 VSCode로 이동합니다. 이것으로 GitHub 계정과의 연동은 완료입니다. 앞으로 설정 내용이 자동으로 클라우드상에 업로드됩니다.

동기화 대상 컴퓨터에서의 조작

동기화 대상 컴퓨터에서도 마찬가지로 GitHub 계정에 로그인하여 연동하고, VSCode를 재실행하면 클라우드상에 저장된 동기화 대상 VSCode의 설정을 가져올 수 있습니다.

그때, 다음과 같은 대화상자가 표시될 수 있습니다.

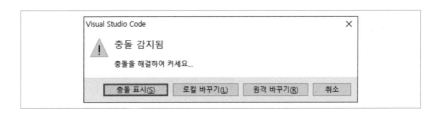

이 대화상자는 동기화 원본과 동기화 대상에서 설정값이 다른(충돌하고 있는) 경우에 표시됩니다. 동기화 원본의 설정을 모두 반영하고 싶은지, 일부만 반영하고 싶은지에 따라 선택해야 할 버튼이 달라집니다. 다음 표를 참고로 선택하세요.

대화상자의 선택지

선택지	설명
충돌 표시	충돌 표시 확인 후 머지(병합)한다
로컬 바꾸기	클라우드상의 설정에서 로컬 설정을 바꾼다
원격 바꾸기	로컬상의 설정에서 클라우드 설정을 바꾼다

또, [원격 바꾸기]를 선택하면 다음과 같은 화면이 표시되고, 클라우드 설정과 로컬 설정 어느 쪽을 받아들일지 하나하나 설정할 수 있습니다.

원격과 로컬 중 어느 쪽의 설정을 적용할지 선택한다

동기화 설정을 관리한다

[계정]-[설정 동기화 켬]을 클릭하면 다음과 같은 메뉴가 표시되어, 동기화 설정의 관리를 할 수 있습니다. 동기화하는 설정을 줄이거나 동기화된 설정을 원래대로 되돌릴 수도 있습니다.

각 메뉴의 설명

텍스트	텍스트
설정 동기화: Configure	동기화하는 설정을 변경할 수 있다
설정 동기화: Show Settings	동기화에 관한 사용자 설정 화면이 표시된다
설정 동기화: Show Synced Data	동기화 이력 및 동기화하고 있는 기기의 확인, 설정 복원 등을 시행한다
설정 동기화: Sync Now	클라우드상의 설정 데이터를 가져온다
설정 동기화: Turn Off	동기화 설정을 끈다

section
06

자주 사용하는 작업을 단축키에 등록한다

💡 사용자 지정 단축키로
효율성 업

VSCode에서는 다양한 명령어를 단축키로 실행할 수 있는 것 외에 자신만의 단축키도 등록할 수 있습니다.

단축키 일람을 알아본다

VSCode에서는 다양한 단축키가 등록되어 있으나, 그 모든 것을 기억하는 것은 어렵습니다. 어떤 단축키가 있는지 확인하기 위해 단축키 일람이 준비되어 있습니다.

먼저 명령 팔레트를 열고 「keyboard shortcuts」라고 검색하세요. 후보가 몇 가지 나타날텐데 「Preferences: Open Keyboard Shortcuts」 명령어를 실행합시다. 키보드 단축키 화면이 표시되고 단축키 일람을 확인할 수 있습니다.

또, 다른 방법으로서 [관리] 버튼(윈도우 왼쪽 아래의 톱니바퀴 마크)을 클릭하여 [키보드 단축키]를 선택해도 열 수 있습니다.

❶ 명령 팔레트에서 「Preferences: Open Keyboard Shortcuts」를 실행

❷ 키보드 단축키 화면이 표시된다

VSCode에 한국어 팩을 설치한 경우는 「명령」 「키 바인딩」 「언제」 「소스」라는 4개의
열이 표시되어 있습니다.

이 화면에서는 단순히 단축키 일람을 확인하는 것뿐만 아니라 이미 설정되어 있는
단축키를 변경할 수 있습니다. 또 화면을 스크롤하면 단축키 일람뿐만이 아니라, 단축
키가 할당되지 않은 명령어도 표시됩니다. 그러한 명령어에 새 단축키를 설정할 수도
있습니다.

사용자 지정 단축키를 설정한다

그럼, 현재 단축키가 할당되지 않은 명령어에 대해 단축키 설정을 해봅시다. 이번에
는 편집기의 글꼴을 확대 · 축소하는 명령어에 단축키를 할당합니다.

단축키를 등록하는 명령어

명령어	설명	단축키
editor.action.fontZoomIn	편집기의 글꼴을 확대	Alt + I
editor.action.fontZoomOut	편집기의 글꼴을 축소	Alt + O

키보드 단축키 화면의 위에는 입력란이 있고, 원하는 명령어로 후보를 좁힐 수 있

습니다. 여기에서는 「editor font」라고 입력을 해보겠습니다. 명령어 후보로 「editor.
action.fontZoomIn」과 「editor.action.fontZoomOut」이 표시됩니다. 둘 다 「키 바인딩」
열이 빈칸으로 되어 있습니다.

먼저 「editor.action.fontZoomIn」부터 단축키를 설정합니다. 명령어 이름을 더블 클
릭하여 입력란을 여세요.

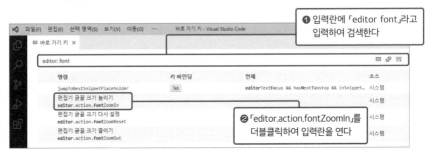

입력란이 열리면 설정하고 싶은 단축키를 입력하고 등록합니다. 여기서는 Alt 를 누
르면서 I를 눌러 Alt + I 의 단축키를 등록합니다.

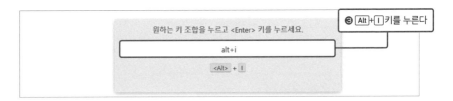

Enter 를 누르면 입력한 단축키가 등록됩니다. 입력란이 닫히면 「editor.action.
fontZoomIn」의 「키 바인딩」 열을 확인하세요. Alt + I 로 표시되어 있으면 단축키 등
록 성공입니다.

이제 「editor.action.fontZoomIn」에 단축키를 할당할 수 있었습니다. 이어서 같은 요령으로 「editor.action.fontZoomOut」에 Alt+O 단축키를 할당합니다.

이렇게 키보드 단축키 화면에서 간단하게 단축키를 등록할 수 있습니다.

이번에 설정한 편집기의 글꼴 확대 · 축소는 기본 조작이지만, 기본적으로 단축키가 등록되어 있지 않았습니다. 이렇게 **「자신은 자주 사용하는데 단축키가 없는」 명령어에 대해 단축키를 등록**함으로써 더욱 효율적으로 작업할 수 있게 됩니다.

또한, 같은 절차로 이미 설정된 단축키를 변경할 수도 있습니다. 또한, 명령어 이름의 위에서 우클릭하고 [키 바인딩 다시 설정]을 클릭하면 사용자가 변경한 단축키가 기존의 것으로 되돌아가므로 실수로 단축키를 변경한 경우에 활용하세요.

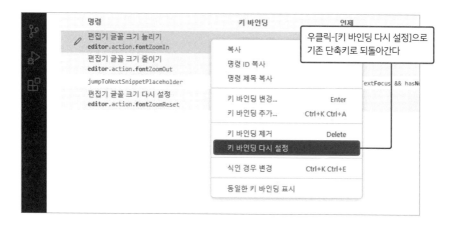

section
07

확장을 설치하여
더욱 편리하게

확장을 도입한다

VSCode의 큰 특징 중 하나는 뛰어난 확장성입니다. 확장을 통해 새로운 프로그래밍 언어에 대한 지원 및 표준에 없는 편리한 명령어를 추가할 수 있습니다.

확장이란

VSCode는 기본 상태로도 충분히 강력한 텍스트 에디터이지만 다양한 확장을 설치함으로써 더욱 기능을 강화할 수 있는 확장성이 큰 매력입니다.

예를 들어 프로그래밍을 하는 경우, 언어별로 필요한 기능을 합친 확장이나 입력한 코드를 자동으로 정돈하는 확장 등을 설치함으로써 보다 효율적인 개발을 할 수 있습니다. 또한, 확장은 누구나 개발하여 무료로 공개할 수 있으므로, 방대한 수의 확장 중에서 자신의 용도에 맞는 것을 이용할 수 있습니다.

확장의 설치 방법

확장은 Microsoft에서 운영하는 Marketplace에서 설치합니다. 우선은 작업 표시줄에서 [확장] 아이콘을 클릭해 Marketplace를 열어 주세요.

❶ 확장 아이콘을 클릭하여 Marketplace를 표시시킨다

맨 위에 검색란, 그 아래에 [설치됨]란. [권장]란이 표시되어 있습니다. [설치됨]란에는 사용자가 이미 설치한 확장이 표시되고, [권장]란에는 VSCode가 권장하는 확장이 표시됩니다.

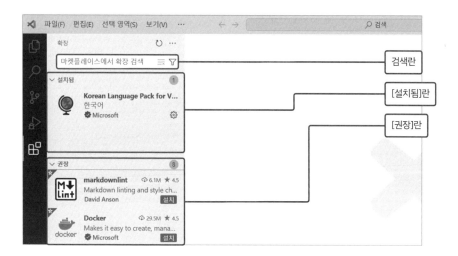

검색란

[설치됨]란

[권장]란

그럼 예시로 C#을 개발하기 위한 확장을 설치해 보겠습니다. C#은 Microsoft에서 개발한 프로그래밍 언어로, 일반적으로 IDE인 Visual Studio를 사용해 개발하지만 확장을 설치하면 VSCode에서도 개발할 수 있습니다.

먼저 검색란에 「C#」를 입력합니다. 입력하면 바로 검색 결과가 표시됩니다.

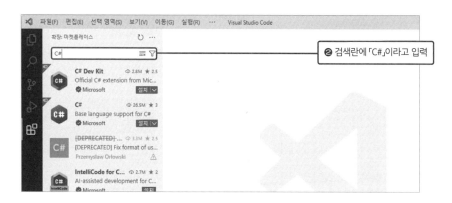

② 검색란에 「C#」이라고 입력

이번에는 검색 결과의 2번째에 표시된 Microsoft가 제공하는 C#용 확장을 설치합니다.

검색 결과를 클릭하면 편집기 부분에 그 확장의 제공처, 세부 정보, 설치 수, 평가 등이 표시됩니다. [설치] 버튼을 클릭하면 설치가 시작됩니다.

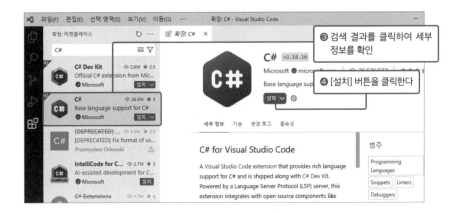

설치 시작 후, 버튼의 표시 이름이 [설치 중]으로 바뀝니다. 설치가 끝나면 이번은 [사용 안 함] [제거] 등의 버튼이 표시됩니다.

그럼 정말로 설치되었는지 확인해 보겠습니다. 검색란 위에 있는 ☰ [확장 검색 결과 지우기] 버튼을 눌러 검색란을 비우면 [설치됨]란이 표시됩니다. 거기에 조금 전 설치한 C# 확장이 표시되어 있으면 정상적으로 설치된 것입니다.

확장의 권장

조금 전은 직접 필요한 확장을 검색했지만, VSCode는 현재 열려 있는 파일의 확장
자 등으로부터 판단하여 확장을 권장하는 기능이 있습니다.

예를 들어 Python의 확장을 설치하지 않은 상태에서 확장자가 「.py」인 파일을 열면
확장을 설치하는지 확인하는 대화상자가 편집기 하부에 표시되는 경우가 있습니다.

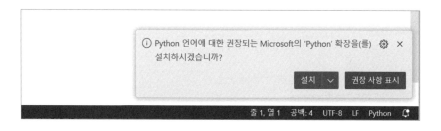

[설치] 버튼을 클릭하면 바로 설치 가능한 것 외에, [권장 사항 표시] 버튼을 클릭하
여 확장의 세부 정보를 확인한 후 설치할 수도 있습니다. 「.py」 파일뿐만 아니라 「.cs」파
일이나 「.java」 파일 등 기타 다른 언어에서도 같습니다.

또한, Marketplace의 [권장]란에 VSCode가 권장하는 확장이 표시될 수도 있습니다.
자신의 용도에 적합한 것이 있다면 설치해 봅시다.

section
08

확장을 관리한다

늘어난 확장을
정리하여 깔끔하게

설치한 확장이 필요하지 않을 경우는 비활성화 · 제거하여 정리합시다.

확장을 비활성화·제거한다

확장을 사용하다 보면 「더 이상 사용하지 않는데도 설치된 채로 있는 확장이 있다」 「역할이 비슷한 확장을 여러 개 설치하고 있다」 등과 같은 경우가 있습니다. 확장을 대량으로 설치하면 VSCode의 동작이 무거워질 수 있으므로 불필요한 확장은 비활성화하거나 제거하여 정리합시다.

확장을 비활성화한다

비활성화란 확장을 설치한 채로 동작하지 않도록 하는 것입니다. 일시적으로 확장의 사용을 정지하고 싶은 경우에 이용합니다. 확장을 비활성화하고 싶은 경우는 액티비티 바에서 확장 뷰를 열어서 [설치됨]란에서 확장을 선택하고, [사용 안 함] 버튼을 클릭합니다.

주의점으로는 모든 확장이 비활성화될 수 있는 것은 아니라는 점입니다. 사용을 정지하고 싶은 경우에 제거밖에 선택지가 없는 것도 있으므로 주의합시다.

확장을 제거한다

확장이 필요하지 않으면 제거하고 VSCode에서 삭제합시다. 확장의 제거 방법은 조금 전의 비활성화와 같이 확장을 선택하여 [제거] 버튼을 클릭합니다.

다시 로드해야 하는 경우

VSCode에서는 확장을 설치했을 때의 다시 읽어들이기(재기동)는 기본적으로는 불필요하지만, 비활성화나 제거했을 때에 필요할 수 있으므로 주의합시다. 그 경우는 [다시로드 필요] 버튼이 표시됩니다.

또한 [다시 로드 필요] 버튼을 클릭하거나 명령 팔레트로부터 「Developer:Reload Window」 명령어를 실행하면 간단하게 다시 읽어들일 수 있습니다.

확장을 업데이트한다

설치한 확장은 기본적으로 자동 업데이트되기 때문에 사용자가 개별적으로 업데이트할 필요가 없습니다. 참고로 다음 설정에서 업데이트 데이터의 자동 확인이나 자동업데이트를 제어할 수도 있지만, 특별한 사정이 없는 한 변경하지 않아도 됩니다.

확장의 자동 업데이트와 관련된 설정 항목

설정 항목명	설정 ID	설명
Extensions: Auto Check Updates	extensions.autoCheckUpdates	확장의 업데이트를 자동으로 확인한다
Extensions: Auto Update	extentions.autoUpdate	확장을 자동으로 업데이트한다

확장에 대한 주의 사항

마지막으로 확장의 주의 사항을 하나 소개합니다. 그것은 실행에 시간이 걸리는 확장도 있다는 점입니다. VSCode를 실행하고 얼마간 작업 표시줄의 확장 아이콘에 시계 마크가 표시되어 있는 경우가 있는데, 이는 확장을 활성화하고 있는 중임을 나타냅니다. 확장은 VSCode가 시작된 후 읽어들이기 시작하기 때문에 시계 마크가 표시되어 있는 경우는 사라질 때까지 기다립시다.

CHAPTER

4

웹 제작에
최적화하자

#표준 기능 / #웹 제작

section 01
HTML, CSS 편집에 도움이 되는 표준 기능

생략 기법으로
편하게 코딩

VSCode에는 HTML이나 CSS를 빠르게 입력하거나 편집을 VSCode 화면상에서 완결시키기 위한 기능이 표준으로 탑재되어 있습니다.

Emmet으로 웹 페이지의 모형을 순식간에 작성

Emmet(에밋)이란 HTML이나 CSS를 일상적으로 편집하는 웹 제작자를 위해 개발된 입력 지원 툴입니다. 약어라 불리는 간단한 키 조합 후에 Tab 키를 눌러서 웹 페이지 서식을 만들거나 여러 HTML 요소를 한꺼번에 생성할 수 있어서 이를 잘 사용하면 입력의 번거로움을 크게 줄일 수 있습니다.

VSCode에는 Emmet이 표준으로 탑재되어 있기 때문에 확장을 설치하지 않아도 처음부터 Emmet을 사용할 수 있습니다. 먼저 HTML 파일을 새로 만들고, Emmet의 약어로 **웹 페이지 서식을 만드는** 방법을 소개합니다.

확장자.html를 붙여 새로운 파일을 생성(P.44 참조)한 후, 「!」를 입력하고 Tab 키를 눌러 봅시다.

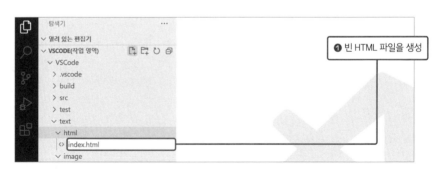

❶ 빈 HTML 파일을 생성

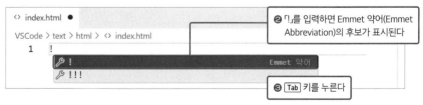

❷ 「!」를 입력하면 Emmet 약어(Emmet Abbreviation)의 후보가 표시된다

❸ Tab 키를 누른다

```
<> index.html ●                                                    ☐ ⋯
VSCode > text > html > <> index.html > ⊘ html > ⊘ head > ⊘ meta        ❹ 웹 페이지의 서식이
  1   <!DOCTYPE html>                                                     작성된다
  2   <html lang="en">
  3   <head>
  4       <meta charset="UTF-8">
  5       <meta name="viewport" content="width=device-width, initial-
  6       <title>Document</title>
  7   </head>
  8   <body>
  9
 10   </body>
 11   </html>
```

단 이만큼의 입력으로 head 태그, body 태그 등 기본적인 요소를 가진 11행의 웹 페
이지의 서식을 작성할 수 있었습니다.

Emmet: HTML 태그를 추가

Emmet에는 웹 페이지의 서식뿐만 아니라 다양한 약어가 준비되어 있습니다.

태그명을 입력하고 Tab 키를 누르면 시작 태그와 종료 태그가 자동으로 입력됩니다.
이 약어로 body 내에 table 태그를 추가해 봅시다.

```
  5       <meta name="viewport" content="width=device-width, initial-
  6       <title>Document</title>                                      ❶ 「table」이라고 입력
  7   </head>
  8   <body>                                                            ❷ Tab 키를 누른다
  9       table ●
 10   </body>   ⚲ table                               Emmet 약어
 11   </html>
```

```
  6       <title>Document</title>                                      ❸ table 태그가 추가된다
  7   </head>
  8   <body>
  9       <table></table>
 10   </body>
 11   </html>
```

태그가 추가될 뿐만 아니라 커서가 시작 태그와 종료 태그 사이에 배치되는 것도 사소하지만 편리한 포인트입니다.

단순히 태그를 추가하는 것만으로는 약어의 고마움을 별로 느끼지 못할 수도 있지만, 태그명 뒤에 CSS 선택자를 입력함으로써 class 속성이나 id 속성을 설정할 수 있습니다. CSS 선택자와 마찬가지로, class 속성은 「.」, id 속성은 「#」의 뒤에 입력합니다.

class 속성을 가진 p 태그와 id 속성을 가진 p 태그를 추가해 봅시다.

● 입력 예

```
p.attention
```

● 결과

```
<p class="attention"></p>
```

● 입력 예

```
p#introduction
```

● 결과

```
<p id="introduction"></p>
```

또한, CSS 선택자만을 입력하면 자동으로 div 태그가 추가됩니다. 이것을 기억해 두면 더욱 입력하는 수고를 덜 수 있습니다.

● 입력 예

```
.quote
```

● 결과

```
<div class="quote"><div>
```

Emmet: 여러 요소를 한 번에 추가

Emmet으로 여러 요소를 한 번에 추가하는 방법을 소개합니다. 이를 마스터하면 단 1행의 약어로 여러 행의 HTML 코드를 입력할 수 있으므로 동일한 입력을 반복할 필요가 없어집니다.

「태그명>태그명」이라고 입력하면 부모 요소, 자녀 요소를 동시에 추가할 수 있습니다. 중첩 구조를 가진 요소를 만드는 데 도움이 됩니다.

● 입력 예

```
section>.text>p
```

● 결과

```
<section>
    <div class="text">
        <p></p>
    </div>
</section>
```

+로 태그명을 연결하면 연결된 요소끼리 형제 요소(공통의 부모 요소에 속하는 요소)가 됩니다.

● 입력 예

```
section>image+p
```

● 결과

```
<section>
    <image></image>
    <p></p>
</section>
```

같은 요소를 반복하고 싶은 경우는 「태그명*숫자」라고 입력합니다. 숫자 부분에는 반복하고 싶은 횟수를 지정합니다. ol 태그나 ul 태그 등 여러 항목을 가진 요소를 만들 때 효과를 발휘합니다.

● 입력 예

```
ol>li*3
```

● 결과

```
<ol>
    <li></li>
    <li></li>
    <li></li>
</ol>
```

약어의 일부를 ()로 둘러싸면 그 부분을 **그룹화**할 수 있습니다. 예를 들어, image 태그와 tag 태그의 조합을 반복하고 싶을 때는 image+p를 그룹화한 후 반복합니다.

● 입력 예

```
(image+p)*2
```

● 결과

```
<image></image>
<p></p>
<image></image>
<p></p>
```

Point　　　　　　　　　Emmet: 치트 시트

Emmet에는 여기에서 소개한 것 외에도 편리한 약어가 구현되어 있습니다. 다음 URL에서 Emmet 약어를 일람으로 확인할 수 있으므로 더 알고 싶은 분은 참조해 주세요.

Emmet Cheat Sheet
https://docs.emmet.io/cheat-sheet/

색상 피커에서 색상을 선택한다

웹 페이지 개발을 비롯한 프론트엔드 개발에서는 색상을 확인하기 위한 기능이 필수적입니다. VSCode에서는 편집기 내에서 색상을 확인할 수 있는 기능이 표준으로 갖추어져 있습니다.

예를 들어 CSS에서 색상을 지정할 속성을 입력할 때에 색상 이름에서 후보를 선택할 수 있습니다.

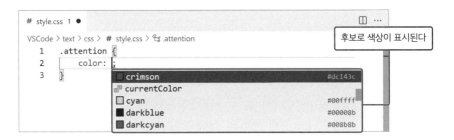

색상을 나타내는 값을 입력하면 왼쪽에 해당 색상이 표시된 상태가 됩니다. 그리고 이 정사각형에 마우스 포인터를 맞추면 **색상 피커**가 표시되어 채도 · 불투명도 · 색상을 마우스 조작으로 조정할 수 있습니다.

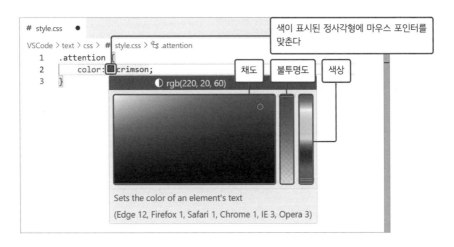

#표준 기능 / #코딩 전반

section

02

Prettier로 코드를 정돈한다

자동 포맷으로
더욱 아름다운 코드로

지금부터는 웹 제작을 위한 확장을 소개합니다. 첫 번째로 소개할 것은 코드 정돈 도구인 Prettier입니다.

Prettier를 사용해 코드를 포맷

각 행의 끝에 세미콜론을 입력하고 있는지, 들여쓰기는 적절하게 이루어지고 있는지 등의 관점에서 소스 코드를 자동으로 정돈해 주는 툴을 **포매터**라고 합니다. VSCode 의 확장 중에는 다양한 종류의 포매터가 있지만, **Prettier(프리티어)**는 JavaScript, TypeScript, JSON, CSS, HTML, Markdown을 비롯하여 많은 언어에 대응하고 있기 때 문에 웹 제작자뿐만 아니라 많은 소프트웨어 개발자가 애용하고 있습니다.

Prettier를 사용하여 코드를 포맷하려면 먼저 「Prettier−Code formatter」 확장을 Marketplace에서 설치합니다(P.114 참조).

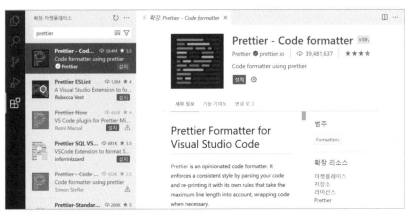

Marketplace에서 Prettier를 검색

이어서, 설정 화면에서 「Editor: Default Formatter」(기본 포매터)를 「Prettier−Code formatter」로 변경합니다.

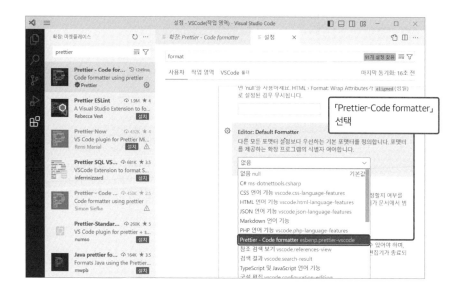

「Prettier-Code formatter」
선택

이제 Prettier에서 코드를 포맷할 준비가 되었습니다. 포맷하고 싶은 파일을 연 상태에서 단축키를 누르거나, 우클릭-[문서 서식]으로 코드를 정돈합니다.

key ▲ 문서의 포맷   ⊞ [Shift]+[Alt]+[F]   🍎 [control]+[shift]+[F]

정돈 전의 코드(HTML)

```
<> index.html        <> rules.html  ●

VSCode > text > html > <> rules.html > ⊗ html
   8    <body>
   9    <ol>
  10    <li>파이트 클럽에 대해서 입에 올려선 안 된다</li>
  11    <li>파이트 클럽에 대해서 입에 올려선 안 된다</li>
  12    <li>대결은 일대일</li>
  13    <li>한 번에 한 대결</li>
```

정돈 후의 코드

```
<> index.html        <> rules.html  ●

VSCode > text > html > <> rules.html > ...
   8    <body>
   9      <ol>
  10        <li>파이트 클럽에 대해서 입에 올려선 안 된다</li>
  11        <li>파이트 클럽에 대해서 입에 올려선 안 된다</li>
  12        <li>대결은 일대일</li>
  13        <li>한 번에 한 대결</li>
```

HTML이 올바르게 들여쓰기되었다

포맷 설정을 변경한다

Prettier의 포맷에 관한 설정은 설정 화면에서 변경할 수 있습니다. **이러한 설정을 개발 프로젝트의 멤버와 맞춰 두면 소스 코드의 형식을 간단하게 통일할 수 있습니다.**

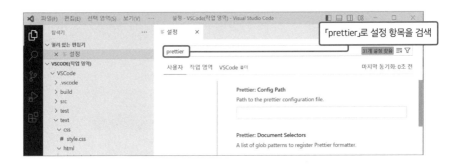

Prettier에 관한 주요 설정 항목

이름	설명
printWidth	자동 줄바꿈 문자 수
tabWidth	탭 크기
semi	문장의 끝에 세미콜론을 붙일 것인지
singleQuote	큰따옴표 대신 작은따옴표를 사용할 것인지
endOfLine	줄바꿈 문자의 코드

설정 파일을 생성한다

다음으로, **Prettier 전용의 설정 파일**을 생성하여 포맷 설정을 하는 방법을 소개합니다. **이 설정 파일의 내용은 VSCode 설정 화면의 내용보다 우선됩니다.**

Prettier 설정 파일은 **열려 있는 작업 영역이나 폴더 바로 아래에 생성됩니다.** 파일명이나 형식에는 여러 종류가 있는데, 여기서는 「.prettierrc」라는 이름으로 JSON(JavaScript Object Notation) 형식의 파일을 생성합니다.

폴더 바로 아래에 「.prettierrc」를 작성

생성한 「.prettierrc」 파일에 Prettier의 설정을 적어 넣습니다. 여기에서는 JSON 형식의 작성 방법을 자세하게 설명하지 않지만, 다음과 같이 키와 값의 짝을 중괄호(\{\})로 둘러싸는 오브젝트라는 데이터형으로 설정합니다.

● .prettierrc

```
{
    "printWidth": 80,
    "tabWidth": 4
}
```

언어마다 포맷 설정을 바꾼다

Prettier의 설정 파일에 언어별 설정을 기술하여 「JavaScript 형식의 파일에서는 tabWidth가 2이지만 다른 형식에서는 4로 하고 싶다」 등 **언어에 따라 다른 설정으로 포맷을 할 수 있습니다**.

JSON 오브젝트에 **"override"**라는 키를 추가하면 그보다 위에 작성된 설정 내용을 덮어씁니다. 앞의 .prettierrc에 "override"를 추가하여 「JavaScript 형식의 파일에서는 tabWidth가 2」라는 설정을 기술하면 다음과 같습니다.

● .prettierrc

```
{
    "printWidth": 80,
```

```
    "tabWidth": 4,
    "overrides": [
      {
        "files": "*.js",
        "options": {
            "tabWidth": 2
        }
      }
    ]
}
```

「"files": "*.js",」의 행에서 파일 형식을 지정하고 있으므로 이 부분을 바꿔 쓰면 다른 형식으로도 설정할 수 있습니다.

포맷을 시행하지 않는 파일을 지정한다

특정 파일이나 파일 형식으로 포맷을 하고 싶지 않은 경우는 작업 영역 또는 폴더 바로 아래에 「.prettierignore」라는 이름의 파일을 만들고 파일명이나 형식을 지정합니다.

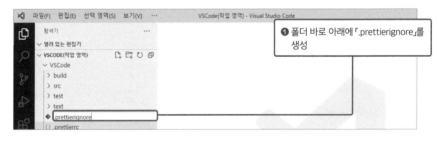

❶ 폴더 바로 아래에 「.prettierignore」를 생성

❷ 포맷을 시행하지 않는 파일을 지정

파일 저장 시에 자동으로 포맷한다

설정 화면에서 「Editor: Format On Save」에 체크를 하면 **파일 저장 시에 자동으로 포맷을 실행합니다**. 포맷을 잊어버릴 일이 없어지므로 항상 코드가 정돈된 상태를 유지할 수 있습니다.

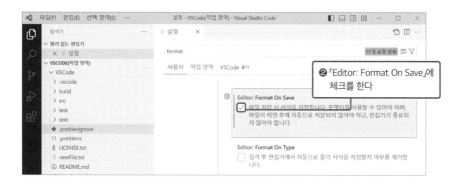

자동 포맷에 관한 기타 설정 항목

이름	설명
Editor: Format On Save Mode	저장 시에 자동으로 포맷하는 범위를 설정한다. 「file」이라면 파일 전체, 「modification」이라면 소스 제어 툴(P.198 참조)에서 검출된 변경 부분만.
Editor: Format On Paste	파일에 소스를 붙여넣었을 때에 자동으로 포맷. 기존 코드를 이용하는 경우 등에 도움이 된다.
Editor: Format On Type	행의 끝 문자(세미콜론 등)를 입력했을 때에 자동으로 포맷.

확장 / #웹 개발

section
03

HTML 파일을 실시간으로
미리 본다

미리 보기를 확인하면서
코딩

Live Server 확장을 사용하면 서버 구축 등의 지식 없이도 개발 중인 웹 페이지를 클릭 하 나로 열 수 있습니다.

Live Server로 간이 로컬 서버를 구축

HTML/CSS나 JavaScript로 웹 페이지를 개발할 때, 파일을 수정할 때마다 웹 브라 우저를 새로 로드하여 확인하는 작업을 반복하다 보면 방대한 시간이 소요됩니다.

Live Server 확장은 로컬 단말에 간이 서버를 가동하게 하여, HTML/CSS 파일 내용 이 반영된 미리 보기를 즉시 열어주는 기능입니다. 미리 보기를 보면서 코드 편집을 할 수 있으므로 코딩→확인을 반복하는 프론트엔드 개발에 필수입니다.

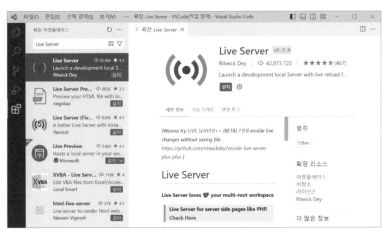

Marketplace에서 Live Server를 검색

Live Server를 설치 후, VSCode에 폴더를 열면 상태 표시줄에 [Go Live]라는 표기가 출현합니다. HTML 파일을 편집기에서 열고 그 상태에서 [Go Live]를 클릭하면, 로컬 서 버가 실행하여 HTML과 CSS의 내용이 반영된 웹 페이지가 브라우저에서 표시됩니다.

❶ 폴더를 연 상태에서 상태 표시줄의 [Go Live]를 클릭

❷ 브라우저에서 웹 페이지가 표시된다

라이브 리로드로 브라우저를 자동으로 다시 읽어들이기

Live Server를 사용하지 않고 웹 페이지를 개발하는 경우, HTML 파일을 웹 브라우저에서 열어서 확인하는 방법도 있는데, 이 방법으로는 파일을 수정할 때마다 웹 브라우저에서 다시 열어야 합니다.

Live Server에는 브라우저에서 미리 보기를 표시하는 것뿐만 아니라, 파일을 수정하고 저장했을 때에 자동으로 브라우저를 다시 읽어들이는(리로드) **라이브 리로드**라는 기능이 있습니다.

미리 보기를 표시한 채 HTML 파일 또는 CSS 파일을 갱신하면 **Live Server가 파일 저장을 감지하여 브라우저를 자동으로 리로드**합니다.

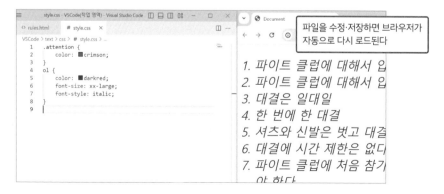

파일을 수정·저장하면 브라우저가 자동으로 다시 로드된다

미리 보기 기능과 라이브 리로드에 의해 파일의 수정→미리 보기 확인→파일의 수정…의 반복을 앱의 전환없이 실시할 수 있게 되어, 프론트엔드 개발이 큰 폭으로 빨라집니다.

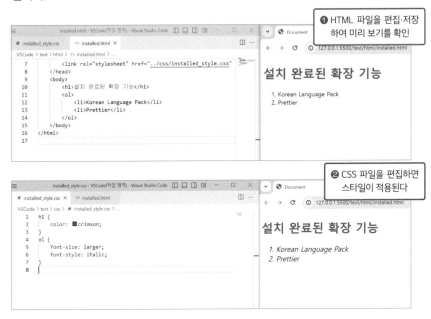

또한, settings.json(P.94 참조)에 다음의 기술을 추가함으로써 **미리 보기를 표시하는 브라우저를 지정할 수 있습니다.**

● settings.json

```
{
    "liveServer.settings.CustomBrowser": "chrome"
}
```

liveServer.settings.CustomBrowser의 설정값에는 이 밖에도 다음과 같은 것이 있습니다.

- chrome:PrivateMode
- firefox

- firefox:PrivateMode
- microsoft-edge
- blisk

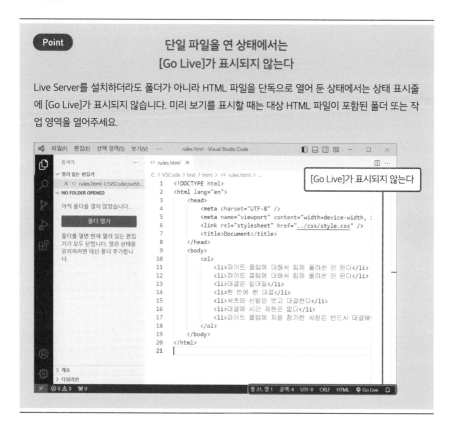

Point

단일 파일을 연 상태에서는
[Go Live]가 표시되지 않는다

Live Server를 설치하더라도 폴더가 아니라 HTML 파일을 단독으로 열어 둔 상태에서는 상태 표시줄에 [Go Live]가 표시되지 않습니다. 미리 보기를 표시할 때는 대상 HTML 파일이 포함된 폴더 또는 작업 영역을 열어주세요.

로컬 서버를 정지한다

Live Server에 의한 미리 보기를 종료하려면 상태 표시줄에 표시되어 있는 [Port: 5500]을 클릭합니다. 로컬 서버가 정지되고 라이브 리로드가 수행되지 않습니다.

[Port: 5500]을 클릭하여 서버를 정지

section
04

CSS와 HTML을
자유자재로 오간다

CSS 정의를 훑어보기 CSS Peek 확장을 사용하면 HTML 파일에서 사용되고 있는 클래스명이나 id명이 CSS 파일
에서 어떻게 정의되어 있는지 간단히 확인할 수 있습니다.

CSS Peek로 CSS 파일에서의 정의를 피킹 표시

VSCode를 포함하여, 많은 통합 개발 환경에는 프로그램 개발 중에 다른 파일로 정
의되어 있는 함수의 정의를 미니 윈도로 표시하는 **피킹 표시**(P.174 참조)라는 기능이
있습니다.

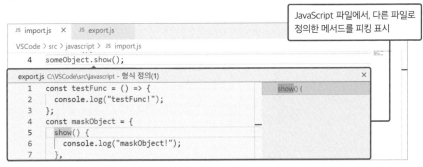

JavaScript 파일에서, 다른 파일로
정의한 메서드를 피킹 표시

CSS Peek는 CSS 파일에서 정의한 내용을 피킹 표시할 수 있는 확장입니다. 이것을
설치함으로써 **HTML 파일과 CSS 파일을 편집기상에서 매끄럽게 오가며 프론트엔드**
개발을 할 수 있습니다.

Marketplace에서 CSS Peek를 검색

CSS Peek를 설치 후, HTML 파일에서 요소로 설정되어 있는 클래스명이나 id명을 우클릭-[피킹]-[정의 피킹]을 클릭하면, CSS 파일을 피킹 표시하여 편집기를 바꾸지 않고 정의를 확인할 수 있습니다.

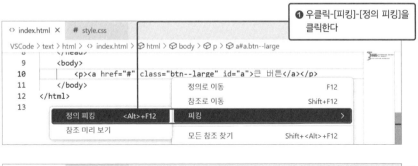

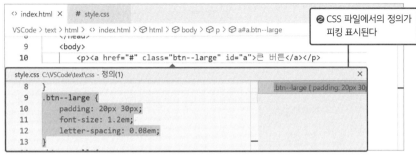

다른 언어와 마찬가지로 **피킹 표시된 정의 부분을 바꿔 써 CSS 파일을 편집할 수도 있습니다**.

```
 8      }
 9      .btn--large {
10          padding: 30px;
11          font-size: 1.2em;
12          letter-spacing: 0.08em;
13      }
14      .btn--small {
```

피킹 표시 윈도에서 CSS 파일을 편집

CSS 파일의 정의 부분으로 빠르게 이동

CSS 파일을 본격적으로 편집하려면 HTML 파일에서 **CSS 파일의 정의 부분으로 이동할 수도 있습니다.** 우클릭-[정의로 이동]을 클릭하거나, 많은 통합 개발 환경과 마찬가지로 F12키를 눌러 정의로 이동합니다.

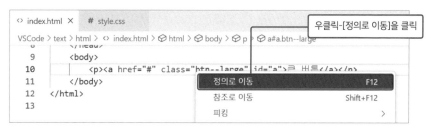

우클릭-[정의로 이동]을 클릭

CSS 파일로 이동한다

Point　　　　　　　「참조로 이동」 기능은 없다

CSS Peek를 사용하면 HTML 파일에서 사용되고 있는 클래스명, id명에서 CSS 파일의 정의로 이동할 수는 있지만, 반대로 CSS 파일의 정의 부분에서 그것이 사용되고 있는 부분(참조 부분)으로 이동할 수는 없습니다.

CSS 파일에서 클래스명이나 id명을 변경할 때는 검색·바꾸기 기능(P.66 참조) 등을 사용하여 참조 부분의 수정 누락이 없도록 주의하세요.

CSS의 정의 내용을 호버 표시

HTML 파일을 편집 중에 Ctrl 키를 누르면서 CSS 클래스의 부분에 마우스 포인터를 합치면 마우스 포인터의 모양이 변하고 작은 윈도에서 정의 내용이 표시(**호버 표시**)됩 니다. 피킹 표시나 정의로 이동하는 방법보다 손쉽게 CSS 파일의 내용을 확인할 수 있 습니다.

호버 표시된 상태에서 CSS 클래스를 클릭하면 정의 부분으로 이동할 수도 있습니다.

```
# style.css          <> installed.html  ✕

VSCode > text > html > <> installed.html > ⊘ html > ⊘ bod
     7              <link rel="stylesheet" href="../css/installed_style.cs
     8          </head>
     9          <body>
    10              <h1>설치 완료된 확장 기능</h1>
    11              <ol>
    12                  <li>Korean Languag
    13                  <li>Prettier</li>
    14                  <li>Live Server</l
    15              </ol>
    16              <p><a href="#" class="btn--large" id="a">큰 버튼</a></
    17          </body>
```

❶ Ctrl 키를 누르면서 마우스 포인터를 맞추면 정의가 호버 표시된다

```
.btn--large {
    padding: 30px;
    font-size: 1.2em;
    letter-spacing: 0.08em;
}
```

```
# style.css     ✕    <> installed.html

VSCode > text > css > # style.css > ⅍ .btn--large
     8      }
     9  .btn--large {
    10      padding: 30px;
    11      font-size: 1.2em;
    12      letter-spacing: 0.08em;
    13  }
```

❷ 클릭하면 정의로 이동한다

section
05

#확장 / #웹 개발

편집기상에서 이미지를
미리 본다

이미지 지정 실수를
제로로

웹 개발에서는 소스 코드상에 이미지 파일의 경로를 지정하는 경우가 많습니다. Image preview는 이미지 파일의 확인을 쉽게 하기 위한 확장입니다.

Image preview로 이미지를 썸네일 표시

HTML 파일로 이미지 파일의 경로를 지정할 때, 같은 폴더에 있는 다른 이미지 파일을 지정해도 오류 등이 표시되지 않기 때문에, 보통은 Live Server(P.134 참조)의 미리보기 등에서 올바른 이미지를 지정하고 있는지 육안으로 확인해야 합니다.

그런 이미지의 확인을 편집기상에서만 할 수 있도록 해주는 확장이 Image preview 입니다. 이미지의 경로 부분에 마우스 포인터를 맞추어 미리 보기를 표시하거나 편집기의 행 번호 옆에 이미지 썸네일을 표시하여 이미지 지정 오류를 방지합니다.

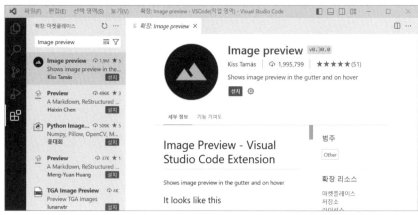

Marketplace에서 Image preview를 검색

Image preview가 활성화되면 HTML 파일이나 Markdown 파일 등에서 이미지 파일의 경로를 적은 **행의 왼쪽에, 이미지 썸네일이 작게 표시됩니다.** 썸네일은 항상 표시되므로 아이콘 등의 확인만이라면 이것으로 충분합니다.

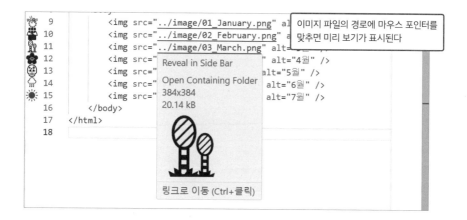

```
<> months.html ×

VSCode > text > html > <> months.html > ...
    5            <meta name="viewport" content="width=device-width, initia...
    6            <title>Document</title>
    7        </head>
    8        <body>
    9            <img src="../image/01_January.png" alt="1월" />
   10            <img src="../image/02_February.png" alt="2월" />
   11            <img src="../image/03_March.png" alt="3월" />
   12            <img src="../image/04_April.png" alt="4월" />
   13            <img src="../image/05_May.png" alt="5월" />
   14            <img src="../image/06_June.png" alt="6월" />
   15            <img src="../image/07_July.png" alt="7월" />
   16        </body>
```

> 행 번호의 왼쪽에, 이미지 파일이 썸네일 표시된다

이미지 파일의 경로에서 미리 보기 표시

썸네일보다 큰 사이즈로 확인하고 싶다면 **이미지 파일의 경로 부분에 마우스 포인터를 맞추어 미리 보기를 표시합니다.** 이미지 파일의 크기와 사이즈도 함께 표시됩니다.

```
    9            <img src="../image/01_January.png" al...
   10            <img src="../image/02_February.png" ...
   11            <img src="../image/03_March.png" alt...
   12            <img src="                            " alt="4월" />
   13            <img src="    Reveal in Side Bar      alt="5월" />
   14            <img src="                            alt="6월" />
   15            <img src="    Open Containing Folder   alt="7월" />
   16        </body>          384x384
   17    </html>              20.14 kB
   18

                             링크로 이동 (Ctrl+클릭)
```

> 이미지 파일의 경로에 마우스 포인터를 맞추면 미리 보기가 표시된다

또한, 미리 보기 위에 있는 [Reveal in Side Bar]를 클릭하면 탐색기 뷰에서 해당하는 이미지 파일의 경로가 열립니다. [Open Containing Folder]를 클릭하면 Windows의 파일 탐색기(Mac에서는 Finder)로 이미지 파일이 저장된 폴더를 열 수 있습니다.

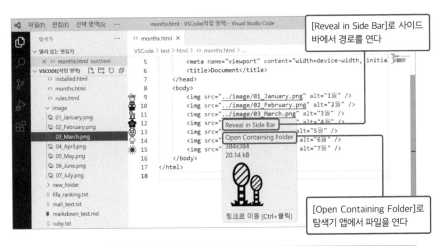

이미지 미리 보기의 최대 사이즈를 변경한다

한눈에 차이가 잘 보이지 않는 여러 개의 이미지 파일이 있는 경우 등, 더 큰 미리 보기로 이미지를 확인하고 싶을 때는 설정에서 미리 보기의 최대 사이즈를 변경하는 것이 좋습니다. 이러한 설정 항목은 설정 화면에서 편집할 수 있습니다.

Image preview의 미리 보기 표시에 관한 설정 항목

이름	설명
gutterpreview.imagePreviewMaxHeight	이미지의 미리 보기 표시 높이. 기본 설정값은 100
gutterpreview.imagePreviewMaxWidth	이미지의 미리 보기 표시 폭. 0보다 작을 경우는 높이와 같은 값이 설정된다. 기본 설정값은 -1

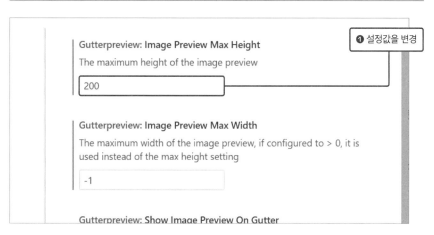

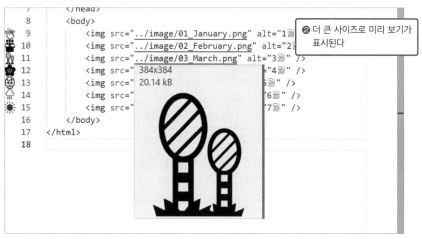

#확장 / #웹 개발

section

06

코드 입력에 도움이 되는 기능

HTML 코딩을 지원 | Marketplace에는 이외에도 웹 개발 코드 편집에 도움이 되는 확장이 많이 있습니다. 여기서는 주로 HTML 편집을 편하게 하는 기능을 다루겠습니다.

Auto Rename Tag로 종료 태그도 자동으로 수정

HTML이나 XML 형식의 파일을 편집할 때, 제목을 본문으로 바꾸는 등의 목적으로 태그명을 변경하는 경우가 종종 있습니다. 그 경우, 대응하는 시작 태그와 종료 태그를 코드 안에서 찾아내어 편집해야 하기 때문에 이를 잊고 오류가 발생하는 경우가 적지 않습니다.

확장 Auto Rename Tag는 이름 그대로 태그명의 변경을 자동화합니다.

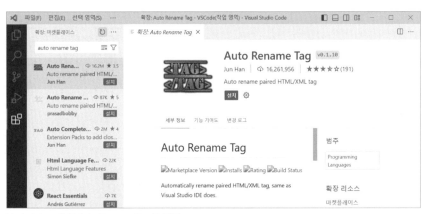

Marketplace에서 Auto Rename Tag를 검색

설치한 후, HTML 또는 XML 파일로 시작 태그를 수정하면, 종료 태그도 거기에 연동하여 편집됩니다.

```
<> installed.html  ✕

VSCode  >  text  >  html  >  <> installed.html  >  ⬦ html  >  ⬦ body  >  ⬦ ol

  5              <meta name="viewport" content="width=device-width, initial-sc
  6              <title>Document</title>
  7              <link rel="stylesheet" href="../css/installed_style.css" />
  8        </head>
  9        <body>
 10            <h1>설치 완료된 확장 기능</h1>
 11            <ol>
 12                <li>Korean Language Pack</li>
 13                <li>Prettier</li>
 14                <li>Live Server</li>
 15            </ol>
 16            <p><a href="#" class="btn--large" id="a">큰 버튼</a></p>
 17        </body>
```

❶ 시작 태그에 마우스 포인터를 맞춘다

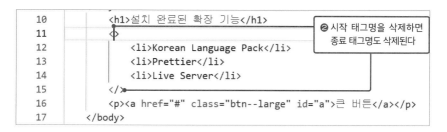

```
 10            <h1>설치 완료된 확장 기능</h1>
 11            <
 12                <li>Korean Language Pack</li>
 13                <li>Prettier</li>
 14                <li>Live Server</li>
 15            </
 16            <p><a href="#" class="btn--large" id="a">큰 버튼</a></p>
 17        </body>
```

❷ 시작 태그명을 삭제하면 종료 태그명도 삭제된다

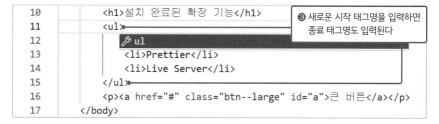

```
 10            <h1>설치 완료된 확장 기능</h1>
 11            <ul>
 12                🔧 ul
 13                <li>Prettier</li>
 14                <li>Live Server</li>
 15            </ul>
 16            <p><a href="#" class="btn--large" id="a">큰 버튼</a></p>
 17        </body>
```

❸ 새로운 시작 태그명을 입력하면 종료 태그명도 입력된다

Point   확장 Auto Close Tag는 불필요

Auto Rename Tag와 비슷하고 개발자도 사용하는 확장으로 Auto Close Tag가 있습니다. 시작 태그
를 입력하면 종료 태그도 함께 입력해 주는 기능입니다. VSCode에는 종료 태그를 자동으로 입력하는
기능이 표준으로 탑재되어 있기 때문에 이 확장은 설치하지 않아도 됩니다.

HTML CSS Support로 CSS 클래스를 입력 보완

HTML을 편집할 때, 요소의 id 속성, class 속성의 값을 잘못 입력하면 원하는 대로 스타일이 적용되지 않습니다.

확장 HTML CSS Support는 HTML 파일이 읽어 들이고 있는 CSS 파일의 내용에 HTML 파일상에서 class 속성, id 속성의 값을 입력 보완해 주는 기능입니다.

Marketplace에서 HTML CSS Support를 검색

Marketplace에서 설치하면 HTML 파일을 편집 중에 CSS에 정의된 클래스나 ID가 입력 후보로 표시됩니다.

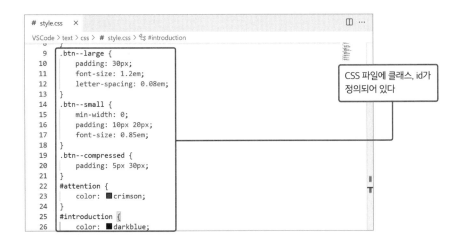

```
# style.css          <> index.html ●

VSCode > text > html > <> index.html > 🔷 html > 🔷 body > 🔷 p > 🔷 a

   5              <meta name="viewport" content="width=device-width, init
   6              <title>Document</title>
   7              <link rel="stylesheet" href="../css/style.css" />
   8          </head>
   9          <body>
  10              <p><a href="#" class="btn" id="a">큰 버튼</a></p>
  11          </body>                    🔳 btn--compressed
  12      </html>                        🔳 btn--large
  13                                      🔳 btn--small
```

> HTML 코딩 중, class 속성의
> 입력 후보가 표시된다

```
# style.css          <> index.html ●

VSCode > text > html > <> index.html > 🔷 html > 🔷 body > 🔷 p > 🔷 a#a.

   5              <meta name="viewport" content="width=device-width, init
   6              <title>Document</title>
   7              <link rel="stylesheet" href="../css/style.css" />
   8          </head>
   9          <body>
  10              <p><a href="#" class="btn--large" id="a">큰 버튼</a></p>
  11          </body>                    🔳 attention
  12      </html>
  13
```

> HTML 코딩 중, id 속성의
> 입력 후보가 표시된다

Point

WordPress 환경이면
「WordPress Snippet」도 추천

웹사이트의 콘텐츠 관리에 WordPress를 이용하는 경우는 WordPress Snippet 확장을 설치해 두는
것이 좋습니다. WordPress에 구현된 함수의 입력을 보완해주기 때문에 편하게 코딩할 수 있습니다.

#확장 / #웹 개발

section

07

코드를 보기 쉽게 하는 기능

한눈에 알 수 있는
코드로

이어서 편집기상에서의 코드 외관에 관한 기능을 소개합니다. 외관을 정돈함으로써 코딩의
실수를 방지하는 데에도 도움이 됩니다.

Highlight Matching Tag에 대응하는 태그를 보기 쉽게 한다

HTML 파일의 편집 중, 시작 태그와 종료 태그의 대응 관계를 알기 어려울 때가 자
주 있습니다. 특히 div 요소를 많이 사용하는 경우는 **어느 시작 태그와 어느 종료 태그
가 대응하고 있는지 한눈에 알 수 없어 혼란스러워지기 쉽습니다.**

```
<> pickup.html ×

ode > text > html > <> pickup.html > ⊗ html > ⊗ body > ⊗ div.pickup >

11          <div class="pickup">
12              <div class="pickup_image">
13                  <div class="image">
14                      <img src="../image/c2-1-1.png" alt="pickup"
15                  </div>
16                  <div class="thumb"></div>
17              </div>
18              <div class="pickup_body">
19                  <p>여기에 픽업할 상품의 설명이 들어갑니다.</p>
20                  <p class="pickup_btn"><a href="#">자세한 정보</a
21              </div>
```

> 시작 태그와 종료 태그의 대응
> 관계가 복잡해지고 있다

VSCode에서는 위의 화면과 같이 태그명에 포커스가 있을 때 대응하는 태그가 회색
으로 하이라이트되지만, 더욱 알기 쉽게 시작 태그와 종료 태그의 쌍을 강조해 주는 확
장 기능이 Highlight Matching Tag입니다.

이 기능을 설치하면 태그에 포커스가 있는 동안, 항상 대응하는 태그가 강조되므로
대응 관계가 일목요연해집니다.

Marketplace에서 Highlight Matching Tag를 검색

Highlight Matching Tag를 설치한 후 HTML 파일을 표시하면 태그명 이외의 장소를 편집하고 있어도 대응하는 태그가 노란색 밑줄로 강조됩니다.

```
<> pickup.html ×        {} settings.json                                    □ ·
VSCode > text > html > <> pickup.html > ⊘ html > ⊘ body > ⊘ div.pick     노란색 밑줄로 강조된다
11              <div class="pickup">
12                  <div class="pickup_image">
13                      <div class="image">
14                          <img src="../image/c2-1-1.png" alt="
15                      </div>
16                      <div class="thumb"></div>
```

위의 화면에서도 그렇지만, 색 테마(P.85 참조)에 따라서는 노란색 밑줄이 잘 안보여서 강조 표시의 효과를 별로 느끼지 못할 수도 있습니다. 그런 경우는 설정 파일(settings.json)을 편집합니다.

Highlight Matching Tag에 의한 강조 표시 스타일을 바꾸려면 "highlight-matching-tag.styles"라는 설정 ID 값을 변경합니다. 기본 설정값은 다음과 같은 값이 설정되어 있습니다.

● settings.json

```
"highlight-matching-tag.styles": {
    "opening": { "name": { "underline": "yellow" } }
}
```

밑줄 색을 바꾸려면 "yellow" 부분을 다른 값으로 바꿔 적습니다. 예를 들어 "red"로 수정하면 빨간색 밑줄이 표시됩니다.

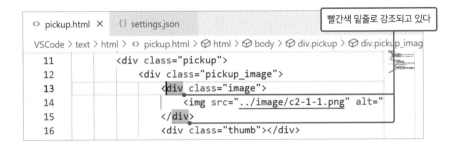

강조 스타일의 설정값에 대해서는 확장 Highlight Matching Tag의 [세부 정보]에 자세한 정보가 있습니다. 보다 자기 취향대로 커스텀하고 싶으신 분은 확인해 보세요.

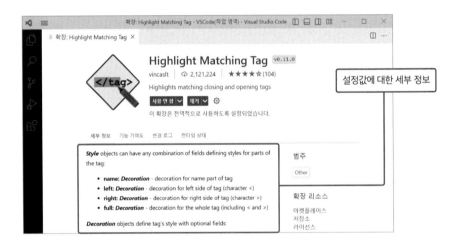

대응하는 괄호를 강조한다

JavaScript 등의 프로그램 언어에서는 ()나 {}와 같은 **괄호**를 사용하여 코드가 계층화되어 있으나, 복잡한 조건 분기 등을 작성하다 보면 괄호의 중첩 구조가 여러 겹으로 되어, 어떤 기호와 어느 기호가 대응하고 있는지 알기 어려울 때가 있습니다.

```
JS c4_7_1.js  ×
VSCode > src > javascript > JS c4_7_1.js > ...
                                              [괄호가 중첩 구조로 되어 있다]
  1   let birthYear = parseInt(prompt("태어난 연도를 입력:"));
  2   if (birthYear >= 1980 && birthYear <= 2009) {
  3     if (birthYear >= 1980 && birthYear <= 1994) {
  4       console.log("M세대");
  5     } else if (birthYear >= 1995 && birthYear <= 2009) {
  6       console.log("Z세대");
  7     } else {
  8       console.log("기타 세대");
  9     }
 10   } else if (birthYear >= 1965 && birthYear <= 1979) {
 11     console.log("X세대");
```

VSCode에는 대응하는 괄호를 알기 쉽게 표시하기 위해서 다음 2개의 설정 항목이
있지만, **이러한 설정은 기본적으로는 비활성화되어 있습니다.** 설정 화면에서 이러한 항
목을 활성화하면 괄호의 대응 관계가 일목요연해집니다.

괄호의 쌍을 강조 표시하기 위한 설정 항목

이름	설명
editor.bracketPairColorization.enabled	대응하는 괄호끼리 채색하여 표시한다. 기본값은 false
editor.guides.bracketPairs	괄호의 쌍을 묶는 가이드를 표시한다. 기본값은 false

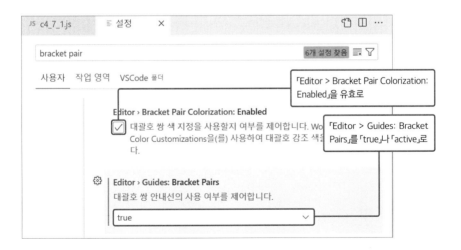

2가지 설정 항목을 변경하면 괄호의 쌍이 같은 색으로 채색되고, 브래킷 내부에 마우스 포인터를 맞추면 대응하는 기호끼리 가이드 선으로 연결되게 됩니다.

```js
// JS c4_7_1.js  ×
// VSCode > src > javascript > JS c4_7_1.js > ...
1  let birthYear = parseInt(prompt("태어난
2  if (birthYear >= 1980 && birthYear <= 2009) {
3    if (birthYear >= 1980 && birthYear <= 19
4      console.log("M세대");
5    } else if (birthYear >= 1995 && birthYear <= 2009) {
6      console.log("z세대");
7    } else {
8      console.log("기타 세대");
9    }
10 } else if (birthYear >= 1965 && birthYear <= 1979) {
11   console.log("x세대");
12 } else {
13   console.log("기타 세대");
```

> 같은 계층의 괄호가 같은 색으로 채색되어 있다

> 대응하는 괄호가 가이드 선으로 연결된다

Point **표준 기능으로 할 수 있는 것은 확장으로 하지 않는다**

Marketplace에는 소스 코드를 장식하기 위한 확장이 많이 있는데, 여기서 소개한 「대응하는 괄호를 강조한다」와 같이 표준의 설정 항목으로 할 수 있는 경우도 많습니다.

P.118에서 설명했듯이 설치한 확장이 많으면 그만큼 VSCode의 동작이 느려질 수 있으므로 확장 을 설치한 후에 「실은 표준 기능으로 할 수 있는 일이었네」라고 알게 된 경우는 제거해 두는 것을 추천합니다.

CHAPTER

5

프로그래밍에
최적화하자

section 01

프로그래밍에 도움이 되는 테크닉

코드 보완으로
쾌적한 코딩

프로그래밍을 보조하는 Intelisense를 잘 사용하면 정확하고 빠른 코딩을 할 수 있습니다.

Intellisense의 코드 보완을 활용한다

Intellisense(인텔리센스)란 VSCode에 표준으로 탑재되어 있는 코드 보완, 멤버 리스트 등의 프로그램 입력 지원 기능을 총칭하는 말입니다. 코드 보완을 이용하면 적은 키 입력으로 빠르게 코드를 작성할 수 있을 뿐만 아니라, 오타 등으로 인한 오류도 방지할 수 있으므로 적극적으로 활용해 나갑시다.

VSCode의 Intellisense는 JavaScript, CSS 등의 언어에 대해서는 표준으로 입력 지원을 사용할 수 있도록 되어 있습니다. JavaScript 형식의 파일에서 「con」이라고 입력하면 **코드 보완**에 의해 「console」 「const」 등의 입력 후보가 리스트로 표시됩니다.

리스트에서 ↑ ↓ 키로 후보를 선택하고, Enter 키나 Tab 키를 누르면 코드가 보완되어 선택한 어구가 입력됩니다.

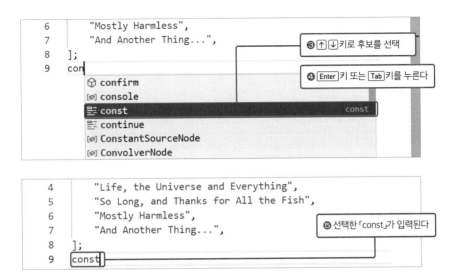

```
6        "Mostly Harmless",
7        "And Another Thing...",
8    ];
9    con
```

❸ ↑ ↓ 키로 후보를 선택

❹ Enter 키 또는 Tab 키를 누른다

```
       confirm
       console
       const                              const
       continue
       ConstantSourceNode
       ConvolverNode
```

```
4        "Life, the Universe and Everything",
5        "So Long, and Thanks for All the Fish",
6        "Mostly Harmless",
7        "And Another Thing...",
8    ];
9    const
```

❺ 선택한 「const」가 입력된다

코드 보완 가능한 것은 Javascript의 키워드나 내장 오브젝트뿐만이 아닙니다. **사용자가 새롭게 정의한 변수나 오브젝트 등도 리스트에 표시됩니다.**

```
6        "Mostly Harmless",
7        "And Another Thing...",
8    ];
9    const answer = 42;
10   console.log(
11       "Answer to the Ultimate Question of Lift, the Universe
12       an
13   );
14       answer                           const answer: 42
             AnalyserNode
             Animation
             AnimationEffect
             AnimationEvent
             AnimationPlaybackEvent
```

자신이 정의한 변수가 보완된다

코드 보완을 더욱 편리하게 사용한다

코드 보완의 후보를 간단히 좁히기 위한 테크닉도 살펴봅시다. 예를 들어 Javascript의 내장 오브젝트인 Date 오브젝트의 toLocaleDateString이라는 메서드를 입력하고 싶을 때, 처음부터 「toLocale…」과 같이 입력해도 되지만, 보완의 후보에 목적의 메서드가 표시되기까지 시간이 걸릴 수 있습니다.

그래서 기억해 둘 것이 **카멜 케이스 필터링**입니다. 「tLDS」와 메서드명의 대문자 부분만 입력하면 코드 보완의 후보에 목적의 메서드가 표시됩니다. 입력하고 싶은 메서드의 이름을 기억하고 있을 때는 특히 편리합니다.

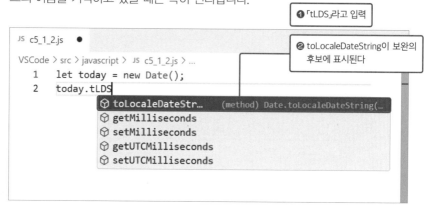

또한, **임의의 타이밍에 코드 보완의 후보를 표시할 수도 있습니다.** 보통, Intelisense는 코드 입력 중에 보완할 수 있는 부분이 있으면 자동으로 시작되지만 Ctrl + Space 키(Mac에서는 command + I 키)로 후보를 표시할 수도 있습니다.

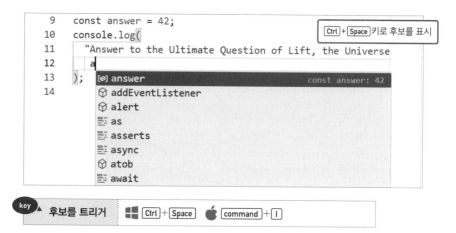

보완의 종류

Intellisense에 의한 보완은 변수나 메서드 등 다양한 종류의 것을 후보에 표시합니다. 왼쪽에 표시된 아이콘으로 종류를 구별할 수 있으면 원하는 후보를 찾는 데 도움이 됩니다.

후보의 종류를 나타내는 아이콘(일부)

아이콘	설명
	메서드(method), 함수(function)
[⊘]	변수(variable)
	필드(field)
	클래스(class)
	키워드(keyword)
abc	워드(text)

퀵 정보를 열람

코드 보완의 후보 리스트에서 오른쪽에 있는 [)]를 클릭하면 그 후보에 대해서의 정보(**퀵 정보**)를 확인할 수 있습니다. 예를 들어, 메서드나 함수라면 받는 파라미터(인수)나 반환값의 정보가 표시됩니다.

```
 8    ];
 9    const answer = 42;
10    console.log(
11      "Answer to the Ultimate Question of Lift, the Universe a
12      answer
13    );
14
15    seriesArray.f
            ⊗ fill          (method) Array<string>.fill(val.)
            ⊗ filter
            ⊗ find
```

❶ 후보의 왼쪽의 [>]를 클릭

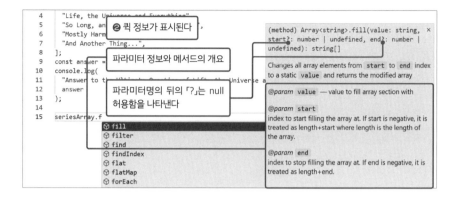

코드 보완과 퀵 정보를 조합함으로써 메서드명이나 처리를 완전히 기억하지 못하더라도, 코드 보완에서 메서드를 찾고 퀵 정보로 그것이 원하는 메서드인지 확인하는 흐름으로 코딩을 진행할 수 있습니다. 메서드의 사용법을 브라우저 검색 등으로 조사하지 않아도 편집기 내에 표시해 주기 때문에 코딩에 집중할 수 있는 것도 장점입니다.

언어 확장으로 지원하는 언어를 늘린다

Intelisense의 기능이 표준으로 지원하는 언어는 JavaScript, CSS 등에 한정되어 있지만 Market place에서 언어 확장을 설치함으로써 더욱 많은 언어에서 Intelisense의 기능을 이용할 수 있습니다. 대표적인 언어 확장에는 다음과 같은 것들이 있습니다.

- Python
- C
- C++
- C#
- Go
- Ruby
- Rust

그중에서도 **Python**은 특히 인기가 높은 언어 확장으로, Python 파일에서 Intelli sense를 사용할 수 있을 뿐만 아니라, 디버깅(P.184 참조) 및 코드 포맷(P.128 참조)도 행할 수 있습니다. 또한, Python 확장을 설치하면 Python용의 Intellisense 등을 보조 하는 Pylance도 설치됩니다.

Marketplace에서 Python을 검색

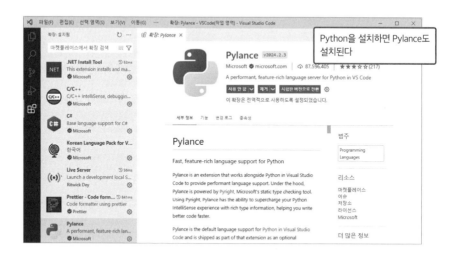

Python과 Pylance 확장을 설치 후, Python 파일의 편집 중에 표준 라이브러리 및 내장 함수를 코드 보완으로 입력할 수 있습니다.

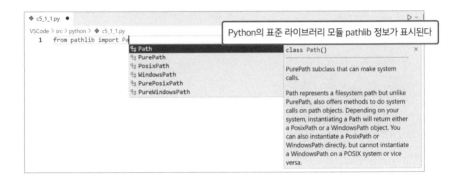

Python의 표준 라이브러리 모듈 pathlib 정보가 표시된다

프로그래밍에 도움이 되는 명령어

주석에 관한 명령어

프로그램 안에 주석을 넣고 싶을 때는 Ctrl + / 키에서 「행 주석의 전환」 명령어를 실행하는 것이 편리합니다. 행의 어느 부분에 커서를 두어도 주석으로 전환할 수 있다는 점, 언어마다 다른 주석 기호에 자동으로 대응해 주는 점이 뛰어납니다.

주석으로 되어 있는 행에 커서를 두고 실행하면 일반 행으로 돌아갑니다.

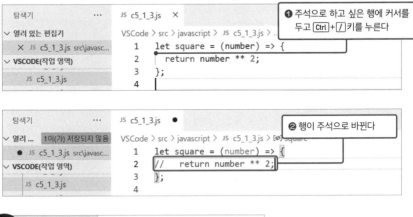

❶ 주석으로 하고 싶은 행에 커서를 두고 Ctrl + / 키를 누른다

❷ 행이 주석으로 바뀐다

행 주석의 전환   🪟 Ctrl + /   🍎 command + /

괄호에 관한 명령어

많은 언어에서는 ()이나 {}과 같은 **괄호**로 코드가 계층화되어 있어서 기호 주변의 코드를 수정할 때 대응하는 기호를 찾을 일이 많습니다. 그런 상황에서 도움이 되는 것이 [Ctrl]+[Shift]+[\]키로 실행할 수 있는 「괄호로 이동」 명령어입니다. 괄호에 커서를 두고 이 명령어를 실행하면 대응하는 괄호로 순식간에 이동할 수 있으므로 특히 행의 개수가 많은 프로그램에서는 스크롤하는 것보다 빠르게 원하는 장소에 도달할 수 있습니다.

```js
JS c5_1_5.js    ×
src > javascript > JS c5_1_5.js > ⓥ remove
235
236        // Once for each type.namespace in types; type may be omitte
237        types = (types || "").match(rnothtmlwhite) || [""];
238        t = types.length;
239        while (t--) {
240          tmp = rtypenamespace.exec(types[t]) || [];
241          type = origType = tmp[1];
242          namespaces = (tmp[2] || "").split(".").sort();
```

❶ ()나 {}의 시작점이나 끝점에 커서를 두고 [Ctrl]+[Shift]+[\]키를 누른다.

```js
JS c5_1_5.js    ×
src > javascript > JS c5_1_5.js > ⓥ remove
              }
292
293          delete events[type];
294        }
295      }
296
297      // Remove data and the expando if it's no longer used
298      if (jQuery.isEmptyObject(events)) {
```

❷ 대응하는 괄호로 이동한다

key ▲	괄호로 이동	⊞ [Ctrl]+[Shift]+[\] 🍎 [command]+[shift]+[\]

#표준 기능 / #프로그래밍

section 02

코드 보완 기능을 커스터마이즈한다

Intellisense를 더욱 편리하게

Intellisense에 의한 코드 보완, 퀵 정보 등의 기능을 설정 화면에서 내 취향대로 커스터마이즈합시다.

코드 조각 보완에 관한 설정

스니펫(코드 조각)은 원래 「조각」을 뜻하는 말로, 프로그래밍에서는 **재사용 가능한 소스 코드의 작은 덩어리**를 말합니다. 예를 들어 프로그램 언어마다 정해져 있는 if 문, for문 등의 구문은 스니펫으로 등록되어 있습니다.

Intelisense가 유효한 언어에서 「if」라고 입력하면 코드 보완의 후보에 「if」가 표시됩니다. ☐ 아이콘은 해당 후보가 코드 조각임을 나타냅니다.

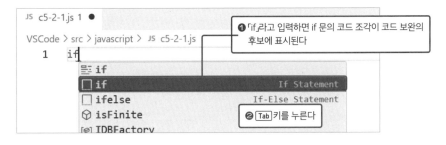

❶ 「if」라고 입력하면 if 문의 코드 조각이 코드 보완의 후보에 표시된다

❷ Tab 키를 누른다

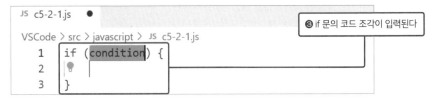

❸ if 문의 코드 조각이 입력된다

변수나 메서드와 달리 **코드 조각의 코드 보완은 대부분의 경우, 여러 행의 코드가 자동으로 입력되기** 때문에 코드 입력의 번거로움을 크게 줄일 수 있습니다. 적극적으로 활용하고 싶다면 코드 보완의 제안 중에서 코드 조각을 우선적으로 표시하도록 설정하는 것이 좋습니다.

코드 조각의 제안을 우선하여 표시할지 여부는 설정 화면에서 「Editor: Snippet Sug gestions」라는 항목에서 선택할 수 있습니다. 설정값을 「none」으로 하면 코드 보완의 후보에 코드 조각이 표시되지 않습니다. 그 밖의 3가지 값은 코드 조각의 후보를 리스 트 중에서 어느 위치에 표시할지를 설정합니다.

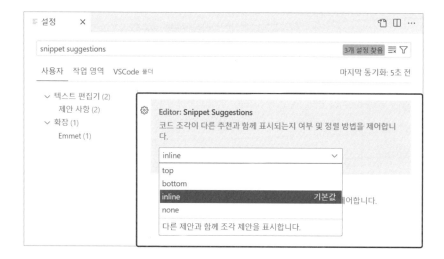

「Editor: Snippet Suggestions」의 설정값

설정값	설명
top	항상 후보 리스트의 맨 위에 코드 조각 후보를 표시한다
bottom	항상 후보 리스트의 맨 아래에 코드 조각 후보를 표시한다
inline	다른 후보와 함께 코드 조각 후보를 표시한다(기본값)
none	코드 조각 후보를 표시하지 않는다

후보의 선택에 관한 설정

코드 보완의 후보 리스트가 표시될 때, 기본 설정값으로는 이전에 사용한 것이 처음 으로 선택된 상태로 되어 있습니다. 다음 이미지에서는 이전 행에서 입력한 「console. log」가 후보 리스트 중에서 처음에 선택되어 있습니다.

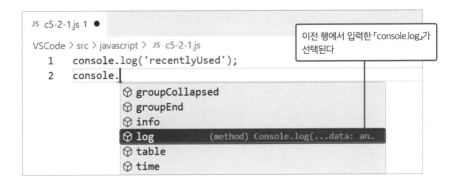

이 설정 덕분에 코드 안에 자주 등장하는 후보일수록 빠르게 입력할 수 있지만, 후보 선택에 대한 동작을 변경하고 싶다면 설정 화면에서 「Editor: Suggest Selection」의 항목을 확인합시다.

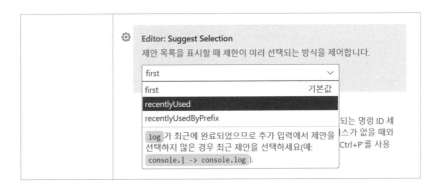

「Editor: Suggest Selection」의 설정값

설정값	설명
first	항상 첫 번째 후보를 선택(기본값)
recentlyUsed	이전에 선택한 후보를 선택
recentlyUsedByPrefix	후보를 선택했을 때의 입력을 기억하고 이전 입력에 따라 후보를 선택

3번째의 「recentlyUsedByPrefix」에 대해서 조금 더 자세히 설명하겠습니다.

이 설정값으로 해두면, 예를 들어 「con」이라고 입력하고 코드 보완 후보 중 「const」를 선택했던 것이 기억되어, 다음에 「con」이라고 입력했을 때는 우선적으로

「const」가 선택됩니다. 「recentlyUsed」에서는 「const」를 선택한 것만 기억되지만 「recentlyUsedByPrefix」에서는 「con」이라는 입력으로 「const」가 선택된 것까지 기억되는 것이 특징입니다. 이로써 「con」이라고 입력하면 「const」, 「re」라고 입력하면 「return」 등, 입력하는 값과 코드 보완 후보를 간단히 연결할 수 있게 됩니다. 정해진 입력으로 정해진 코드 보완을 하고 싶은 경우는 이 설정을 추천합니다.

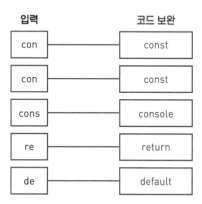

입력과 코드 보완을 연결하는 이미지

Intellisense에 관한 설정 항목

코딩 보조에 관한 설정 항목에는 이 밖에도 다음과 같은 것이 있습니다.

Intellisense의 커스터마이즈와 관련된 설정 항목(일부)

설정 항목	설명
Editor: Quick Suggestions Delay	코드 보완 후보가 표시될 때까지의 시간(밀리초 단위). 기본값은 10
Editor: Accept Suggestion On Enter	Tab 키에 더해 Enter 키로도 보완 후보를 받아들일지를 설정. 기본값은 on
Editor: Word Based Suggestions	문서 내에서 입력되어 있는 값을 기반으로 보완 후보를 표시할지를 설정. 기본값은 true

#표준 기능 / #프로그래밍

section
03

코드 조각을 더욱 활용한다

표준 문구를
순식간에 입력

언어에 특화된 코드 조각이나 오리지널 코드 조각을 사용하는 방법을 익히면 코딩 작업은
훨씬 더 쉬워집니다.

확장으로 언어에 특화된 코드 조각을 늘린다

　P.161에서 「Python」 확장을 설치하면 Python의 내장 함수 등을 코드 보완으로 입력
할 수 있는 것을 확인했는데, **많은 언어 확장에는 각각의 프로그래밍 언어에 특화된 코
드 조각이 포함되어 있습니다.** Marketplace에서 「@category:snippets」라고 검색하면
코드 조각을 포함한 확장이 표시됩니다.

　반복의 for 문, 조건 분기의 if 문 등은 많은 언어에 있지만, 각각의 언어에 대응한 코
드 조각을 설치하면 같은 이름의 코드 조각에서도 다른 내용이 입력됩니다.

```
JS snippetTest.js ●
VSCode > src > javascript > JS snippetTest.js > [∅] index
  1   for (let index = 0; index < array.length; index++) {
  2       const element = array[index];
  3   │
  4   }
```

JavaScript의「for」코드 조각

```
C# snippetTest.cs ●
src > c# > C# snippetTest.cs > ⁑ Program > ⓜ Main
 11        static void Main(string[] args)
 12        {
 13            for (int i = 0; i < length; i++)
 14            {
 15
 16            }
 17        }
```

C#의「for」코드 조각

자체 코드 조각을 등록한다

자주 입력하는 문자열을 **오리지널의 코드 조각으로서 직접 등록할 수도 있습니다**.
나만의 코드 조각을 등록하려면 메뉴바의 [파일]–[기본 설정]–[사용자 코드 조각 구성]
의 순서로 클릭합니다.

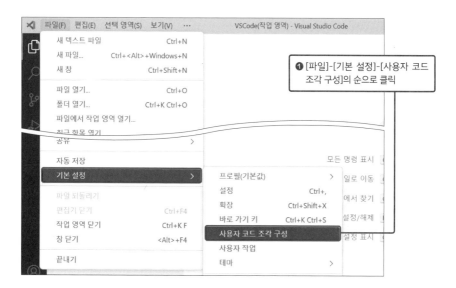

❶ [파일]-[기본 설정]-[사용자 코드 조각 구성]의 순으로 클릭

다음으로 어떤 언어에서 사용하는 코드 조각을 만들지를 선택합니다. 「새 전역 코드 조각 파일」을 선택하면 어떤 종류의 파일이든 사용할 수 있는 코드 조각을 등록할 수 있는데, 이번은 JavaScript를 선택합니다. 언어를 선택하면 코드 조각을 정의하기 위한 JSON 형식의 파일이 편집기에서 열립니다.

javascript.json에는 예로서 "Print to console"이라는 이름의 코드 조각을 등록하는 내용이 주석으로 쓰여져 있습니다. 이 예에 따라서 각각의 항목에 어떤 값을 설정하면 좋을지 살펴봅시다.

"prefix"는 **코드 조각의 트리거가 되는 문자열**입니다. 이 예에서는 「log」라고 입력하면 코드 보완의 후보에 "Print to console" 코드 조각이 표시됩니다.

"body"에는 **코드 조각으로서 등록할 내용**을 적습니다. 쉼표 구분으로 여러 값을 설정하여, 여러 행에 걸친 코드 조각을 등록할 수 있습니다. 또한 $1, $2이라고 써 있는 것은 **플레이스홀더**라 불리는 것으로, 코드 조각이 입력되면 커서가 닿는 부분입니다. 처음에 $1 부분에 커서를 두고 Tab 키를 누르면 $2로 커서가 이동합니다. 코드 조각 안에 경우에 따라서 바꿔 적고 싶은 부분이 있는 경우는 플레이스홀더로 해 두면 좋을 것입니다.

"description"에는 **코드 조각의 간단한 설명**을 적습니다. 코드 보완의 후보로서 스니펫이 표시될 때, 이 설명이 표시됩니다.

다음은 **JavaScript에서 화살표 함수식을 사용하여 함수를 정의하는 코드 조각**입니다. 함수명, 인수, 함수의 내용, 3가지를 플레이스홀더로 하고 있습니다.

● **javascript.json**

```
"Arrow Function": {
    "prefix": "arrow",
    "body": [
        "const ${1:functionName} = (${2:arguments}) => {",
        "$3",
        "};"
    ],
    "description": "arrow function"
}
```

javascript.json을 저장한 후, JavaScript 파일에서 「arrow」라고 입력하면 코드 보완의 후보에 조금 전 등록한 코드 조각이 표시됩니다.

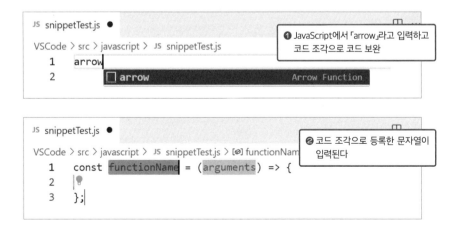

#표준 기능 / #프로그래밍

section
04

파일을 넘나들며 정의와 참조를 자유롭게 오간다

코드 사이를
순식간에 이동

다른 파일로 이동하는 기능이나, 피킹 표시를 능숙하게 사용하는 것으로, 대규모 프로그램에서도 간단하게 필요한 정보에 도달할 수 있습니다.

퀵 오픈으로 원하는 파일을 빠르게 연다

프로그램 개발 규모가 어느 정도 이상이 되면 어떤 파일에서 정의된 함수나 메서드를 다른 파일에서 사용하는 등, 여러 파일을 오가며 편집하는 것이 필수적입니다. 그런 경우, 탐색기 뷰에서 필요한 파일을 찾을 수도 있지만 VSCode에는 **퀵 오픈**이라는 편리한 기능이 있습니다.

퀵 오픈으로 파일을 열려면 Ctrl+P키를 눌러 「파일로 이동…」 명령어를 실행합니다. 화면 위에 입력란과 최근에 열었던 파일의 후보가 표시되므로 파일명으로 검색하거나 ↑↓키로 파일을 선택하고 Enter키를 누르면 해당 파일이 편집기에서 열립니다.

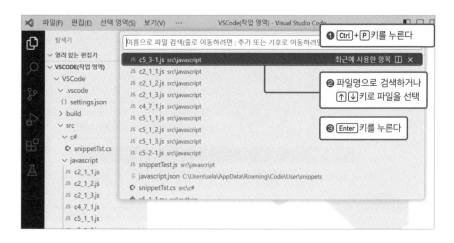

④ 파일이 열린다

key 파일을 연다 **⊞ [Ctrl] + [P]** **⌘ [command] + [P]**

정의를 확인한다

VSCode에는 코딩 중에 변수나 함수, 메서드 정의를 확인하기 위한 다양한 기능이 준비되어 있습니다. 여기서는 3가지 방법을 소개하므로 경우에 따라서 구분해서 사용해 보세요.

1번째는 편집기상에서 **정의 부분으로 이동**하는 방법입니다. 정의를 보고 싶은 부분에 마우스 포인터를 맞추고 우클릭-[정의로 이동]을 클릭하거나, [F12] 키를 누르면 정의되어 있는 곳으로 순식간에 이동합니다. 정의 부분이 현재 열려 있는 파일에 없는 경우는 새 편집기에서 파일을 엽니다. 이 방법은 정의를 자세히 확인하고 싶을 때나 수정하고 싶을 때에 적합합니다.

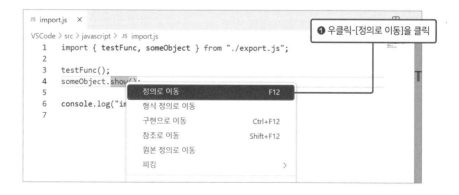

● 우클릭-[정의로 이동]을 클릭

```
JS import.js        JS  export.js    ×
VSCode > src > javascript > JS export.js > [∅] maskObject > ⊕ show
  1    const testFunc = () => {
  2     💡 console.log("testFunc!");
  3    };
  4    const maskObject = {
  5     show() {
  6       console.log("maskObject!");
  7     },
  8    };
```

❷ 정의 부분이 열린다

key ▲ 정의로 이동   ⊞ F12   🍎 F12

2번째는 편집기를 바꾸지 않고 정의를 확인할 수 있는 **피킹 표시**라는 방법입니다. 현재 편집기에 내장되는 형태로 작은 윈도가 열리고, 거기에 정의가 표시됩니다. 피킹 표시를 열기 위해서는 우클릭-[피킹]-[정의 피킹]을 클릭하거나 Alt + F12 키를 누릅니다. 피킹 윈도 안에서도 파일 편집이 가능하므로 정의 수정도 원활하게 할 수 있습니다.

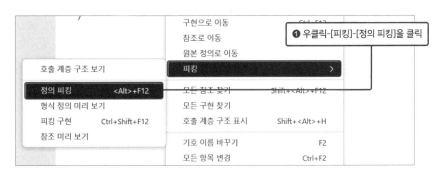

피킹 윈도를 닫을 때는 윈도 오른쪽 위의 [닫기] 아이콘을 클릭하거나 [Esc] 키를 누릅
니다.

```
  3    testFunc();
  4    someObject.show();
export.js  C:\VSCode\src\javascript - 정의(1)                              [×]
  1    const testFunc = () => {                    show() {
  2      console.log("testFunc!");
  3    };
  4    const maskObject = {                         —
  5      show() {
  6        console.log("maskObject!");        ❸ [닫는다] 아이콘을 클릭하여 피킹 윈도를 닫는다
  7      },
  8    };
```

3번째는 [Ctrl] 키를 누르면서 심볼에 마우스 포인터를 맞춰 **미리 보기를 확인**하는 방
법입니다. 정의 부분을 열지 않고 확인만 하고 싶을 때 편리합니다.

```
JS import.js   ×

VSCode > src > javascript
  1    import { te   (method) show(): void      ort.js";
  2                  show() {
  3    testFunc();     console.log("maskObject!");
  4    someObject.show();  }
  5
  6    console.log("import side");      [Ctrl] 키를 누르면서 마우스
  7                                     포인터를 맞춘다
```

참조를 확인한다

대규모 프로그램 개발에서는 함수나 메서드의 정의를 확인할 뿐만 아니라 그것이 어
디에서 호출되고 있는지를 파악하는 것도 중요합니다. 정의를 확인하는 것과는 반대로
함수나 메서드가 어디에서 참조되는지를 확인하는 방법도 알아두세요.

함수나 메서드에 마우스 포인터를 맞추고 우클릭–[피킹]–[호출 계층 구조 보기]를

클릭하면 피킹 윈도에 그것이 참조되고 있는 부분이 정리되어 표시됩니다. 단, C# 등에서는 폴더 내의 모든 파일의 참조가 표시되지만, JavaScript등에서는 현재 열려 있는 편집기에시의 참조만 표시되는 것처럼 **언어에 따라서 참조가 표시되는 범위가 다른 것**에 주의하세요. 또한, [호출 계층 구조 보기]는 메서드 등의 정의 부분으로부터도, 참조하고 있는 부분으로부터도 실행할 수 있습니다.

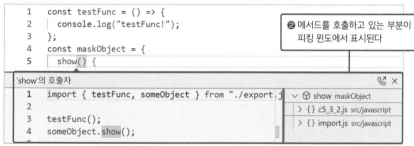

정의 부분을 우클릭-[참조로 이동]을 클릭하거나 Shift + F12 를 누르면 편집기를 전환하여 참조 부분으로 이동합니다. [호출 계층 구조 보기]와 마찬가지로, C# 등 일부 언어 이외에는 편집기에서 열려 있는 파일에서의 참조 부분만 표시됩니다. 이때 참조 부분이 한 곳이면 바로 이동하지만 **여러 곳이면 모든 참조 부분이 피킹 윈도에 표시됩니다.**

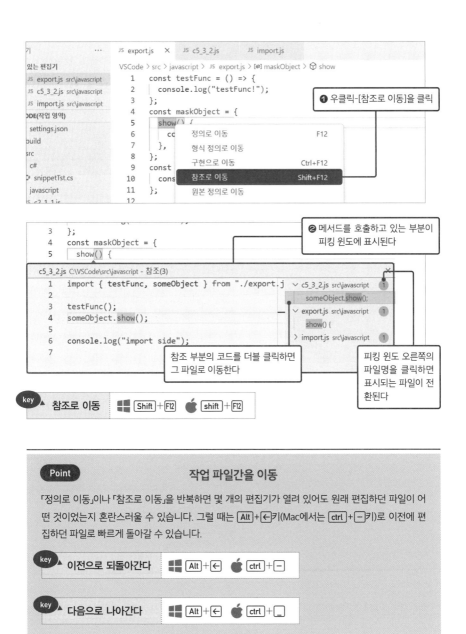

```
기                    JS export.js  ×   JS c5_3_2.js      JS import.js
있는 편집기            VSCode > src > javascript > JS export.js > [⊚] maskObject > ۞ show
JS export.js src\javascript      1   const testFunc = () => {
JS c5_3_2.js src\javascript      2     console.log("testFunc!");
JS import.js src\javascript      3   };
ODE(작업 영역)                   4   const maskObject = {
settings.json                   5     show() {
build                           6     ┌─────────────────────────────────┐
src                                 │  정의로 이동              F12        │
c#                              7   │                                  │
⊃ snippetTst.cs                 8   │  형식 정의로 이동                  │
javascript                      9   │  구현으로 이동           Ctrl+F12   │
s c3 1 1 is                    10   │  참조로 이동            Shift+F12  │
                              11   │  원본 정의로 이동                  │
                              12   └─────────────────────────────────┘
```

❶ 우클릭-[참조로 이동]을 클릭

```
 3   };
 4   const maskObject = {
 5     show() {
```

❷ 메서드를 호출하고 있는 부분이 피킹 윈도에 표시된다

```
c5_3_2.js C:\VSCode\src\javascript - 참조(3)
 1   import { testFunc, someObject } from "./export.j     ∨ c5_3_2.js src\javascript   ①
 2                                                         someObject.show();
 3   testFunc();                                         ∨ export.js src\javascript    ①
 4   someObject.show();                                    show() {
 5                                                       › import.js src\javascript     ①
 6   console.log("import side");
 7
```

참조 부분의 코드를 더블 클릭하면 그 파일로 이동한다

피킹 윈도 오른쪽의 파일명을 클릭하면 표시되는 파일이 전환된다

key ▲ 참조로 이동   ⊞ [Shift]+[F12]   🍎 [shift]+[F12]

Point   **작업 파일간을 이동**

「정의로 이동」이나 「참조로 이동」을 반복하면 몇 개의 편집기가 열려 있어도 원래 편집하던 파일이 어떤 것이었는지 혼란스러울 수 있습니다. 그럴 때는 [Alt]+[←]키(Mac에서는 [ctrl]+[-]키)로 이전에 편집하던 파일로 빠르게 돌아갈 수 있습니다.

key ▲ 이전으로 되돌아간다   ⊞ [Alt]+[←]   🍎 [ctrl]+[-]

key ▲ 다음으로 나아간다   ⊞ [Alt]+[←]   🍎 [ctrl]+[_]

#표준 기능 / #프로그래밍

section

05

리팩터링으로
더욱 좋은 코드로

코드를 개선하기 위한 테크닉

VSCode를 사용하면 프로그램 동작을 바꾸지 않고 내부 구조를 정리하는 리팩터링도 손쉽게 할 수 있습니다.

빠른 수정의 제안을 받아들인다

프로그램이 정상적으로 작동한다고 해서 내부 코드가 최적의 상태로 되어 있다고는 할 수 없습니다. 불필요한 코드나 개발자만 이해할 수 있는 코드가 있으면 프로그램의 효율이 나빠지거나 유지 보수가 어려워집니다. 따라서 개발을 할 때는 프로그램 외부에서 본 동작을 바꾸지 않고 내부 코드를 개선하는 **리팩터링**을 하는 것이 일반적입니다.

VSCode에는 리팩터링을 위한 다양한 기능이 있습니다. 처음에 소개하는 것은 코드의 개선점을 자동으로 찾아 수정을 제안해 주는 **빠른 수정**입니다. 빠른 수정을 사용할 수 있는 곳에는 전구 아이콘이 표시됩니다.

예를 들어, 다음 이미지와 같이 절대 실행되지 않는 코드(접근할 수 없는 코드)가 있으면 빠른 수정으로 수정할 수 있는 위치로서 파란색의 전구 아이콘이 표시됩니다.

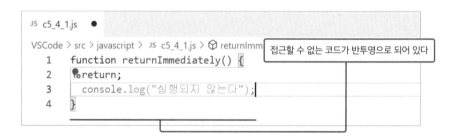

반투명으로 표시되어 있는 코드에 마우스 포인터를 맞추면 [빠른 수정]이라는 문자가 표시되고, 이것을 클릭하면 접근할 수 없는 코드를 삭제하는 것이 제안됩니다. 제안을 클릭하거나 [Enter] 키를 누르면 제안된 액션이 실행되고 코드가 삭제됩니다.

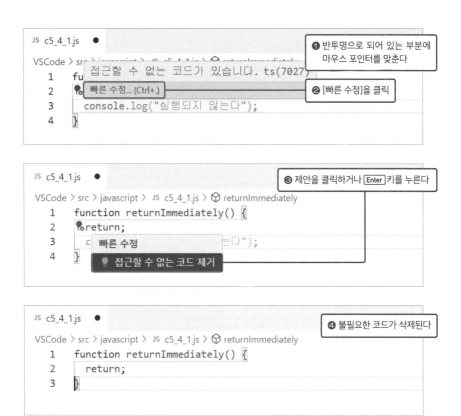

여기에서 표시된 [접근할 수 없는 코드 제거]와 같은 VSCode가 제안하는 빠른 수정의 내용을 **리팩터링 액션**이라고 합니다. 빠른 수정은 단축키로도 호출할 수 있습니다.

또한, 빠른 수정을 할 수 있는 부분에 표시되는 전구의 아이콘은 조금 전의 예와 같이 명백한 실수인 부분에는 파란색 아이콘(💡)이, 틀린 것은 아니지만 개선의 여지가 있는 부분에는 노란색 아이콘(💡)이 표시됩니다. 특히 **노란색 전구 아이콘이 표시되어 있는 부분에서는 반드시 빠른 수정의 제안을 따를 필요는 없습니다.**

빠른 수정으로 처리를 함수화

코딩을 할 때, 다른 부분에서 재이용할 수 있는 코드는 함수나 메서드로 해 두는 경우가 많을 것입니다. 빠른 수정을 사용하면 하나로 합친 처리를 간단하게 함수/메서드로 추출할 수 있습니다.

```
c5_4_2.py  ×

VSCode > src > python > 🐍 c5_4_2.py > ...
15   # 리스트를 정렬한 후 문자열로 연결
16   taglist = sorted(tagset)
17   out_txt = ''
18   for tag in taglist:
19       print(tag)
20       out_txt += tag + '\n'
21   # 파일 내보내기
22   wfile = current / '_taglist.txt'
23   wfile.write_text(out_txt, encoding='utf-8')
```

❶ 함수화하고 싶은 처리를 합쳐서 선택

```
VSCode > src > python > 🐍 c5_4_2.py > ...
15   # 리스트를 정렬한 후 문자열로 연결
16   taglist = sorted(tagset)
17   추출
18      🔧 메서드 추출
19
20      🔧 변수 추출            '\n'
21   이동
22      🔧 기호를 다음으로 이동...  aglist.txt'
23      🔧 기호를 새 파일로 이동   txt, encoding='utf-8')
24
```

❷ [빠른 수정]을 호출한다

❸ [메서드 추출]을 클릭

```
VSCode > src > python > 🐍 c5_4_2.py > 🔷 new_func
15   # 리스트를 정렬한 후 문자열로 연결
16   def new_func(tagset):
17       get_sorted_text
18       이름 바꾸기 Enter, 미리 보기 Shift+Enter
19       for tag in taglist:
20           print(tag)
21           out_txt += tag + '\n'
22       return out_txt
23
24   out_txt = new_func(tagset)
25   # 파일 내보내기
```

❹ 함수 이름을 입력

```
🐍 c5_4_2.py ●
VSCode > src > python > 🐍 c5_4_2.py > 🔷 get_sorted_text
15    # 리스트를 정렬한 후 문자열로 연결
16    def get_sorted_text(tagset):
17        taglist = sorted(tagset)
18        out_txt = ''
19        for tag in taglist:
20            print(tag)
21            out_txt += tag + '\n'
22        return out_txt
23
24    out_txt = get_sorted_text(tagset)
25    # 파일 내보내기
26    wfile = current / '_taglist.txt'
```

❺ 처리가 함수화된다

기호 이름의 변경

한번 생성한 변수나 함수의 이름을 나중에 변경할 때, 그것을 참조하고 있는 모든 곳에서 이름을 변경하지 않으면 오류가 발생하기 때문에 많은 수고를 해야 합니다.

그 수고를 덜어주는 기능이 기호 이름 바꾸기입니다. 이 방법으로 변수나 함수의 이름을 변경하면, 언어에 따라 범위는 다르지만 변수나 함수의 참조 부분에서도 이름이 변경됩니다.

기호의 이름 변경은 변경하고 싶은 곳에 마우스 포인터를 맞추고 우클릭-[기호 이름 바꾸기]를 클릭하거나 F2 키를 눌러 실행합니다.

```
JS c5_4_3.js  ✕
VSCode > src > javascript > JS c5_4_3.js > [∅] place
1    const place = "제주도";
2
3    console.log(place, "섬");
4    console.log("섬", place, "섬");
5    console.log(place, "섬");
6
```

❶ 이름을 변경하고 싶은 변수에 마우스 포인터를 맞춘다

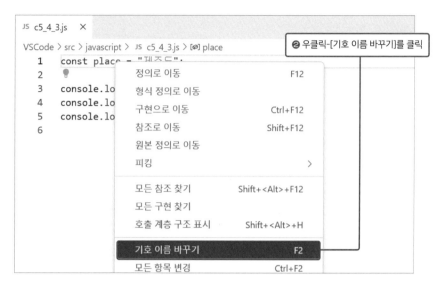

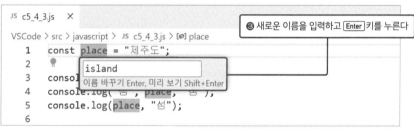

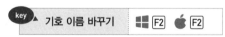 기호 이름 바꾸기 ⊞ F2 🍎 F2

또한, 새로운 이름을 입력할 때 Shift + Enter 키를 누르면 파일이 어떻게 변경되는지 미리 볼 수 있습니다.

Point 언어마다 이용할 수 있는 기능이 다른 이유

VSCode는 처음부터 모든 언어에 대응하고 있는 것이 아니라, 많은 언어의 프로그래밍 지원 기능을 확장이라는 형태로 나중에 설치하는 구조로 되어 있습니다. 이는 항상 모든 언어를 지원하려면 막대한 자원이 필요하고 사용자가 필요한 확장을 그때그때 설치하는 것이 효율적이기 때문입니다.

이와 같이 각 언어의 프로그래밍 지원 기능의 구현을 나누기 위한 구조가 「언어 서버」입니다. 다음 그림과 같이 VSCode라고 하는 1개의 클라이언트가 HTML에 관한 기능은 HTML Language Server, Python에 관한 기능은 Python Language Server와 같이 여러 서버를 이용하고 있는 것입니다.

JavaScript나 C# 등 언어에 따라 Intellisense로 코드 보완되는 어구나 「참조로 이동」(P.176 참조)에서 표시되는 참조의 범위 등이 다른 것은 VSCode가 언어마다 다른 「언어 서버」를 이용하고 있기 때문입니다.

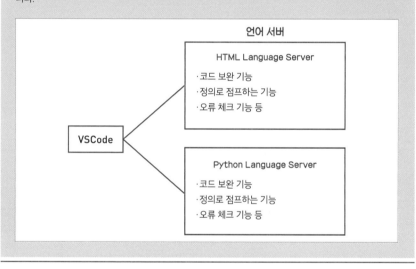

section

06

#표준 기능 / #프로그래밍

디버그의 기본

모든 언어의
디버그를 지원

모든 언어에 대응하는 디버그 기능은 VSCode의 큰 특징 중 하나입니다. 여기서는 디버그의 기본을 설명합니다.

디버그할 수 있는 언어

VSCode를 개발시 사용하는 이유로 디버그 기능이 풍부하다는 점을 꼽는 사람도 많을 정도로 **다양한 언어의 프로그램을 공통된 UI로 디버그할 수 있는 것은 큰 장점입니다.**

VSCode는 **Node.js 런타임**이라는 JavaScript를 실행하는 환경을 표준으로 지원하기 때문에 JavaScript나 TypeScript를 비롯한 **JavaScript로 변환되는 언어를 확장 추가 설치 없이 디버그를 실행할 수 있습니다.**

다른 언어의 디버그를 실행하려면 확장을 설치해야 합니다. 확장 「Python」 「C#」 등 언어마다 설치를 권장하는 확장에 디버거의 기능이 포함되어 있는 경우가 많이 있습니다. Marketplace에서 「@category:debuggers」라고 검색하면 각 언어의 디버거를 효율적으로 찾을 수 있습니다.

「@category:debuggers」로
확장을 검색

JavaScript 파일을 디버그한다

그럼, 간단한 JavaScript 파일을 생성하여 디버그를 시작하는 절차를 소개합니다. 앞에서 설명한 바와 같이 확장을 설치할 필요는 없습니다. 우선 다음과 같은 2행 길이의 JavaScript 파일을 만듭시다.

● debugTest.js

```javascript
const message = "디버그 실행 중";
console.log(message);
```

debugTest.js를 만들었으면 2번째 행의 행 번호 왼쪽을 클릭하여 **중단점(브레이크 포인트)**을 추가합니다. 이렇게 해놓음으로써 디버그가 시작되면 중단점에서 실행이 일시 중단되고, 그 시점에서의 프로그램 상태를 확인할 수 있습니다.

```
JS debugTest.js ✕
VSCode > src > javascript > JS debugTest.js > ...
                                                    ┌─────────────────────────┐
                                                    │ 클릭하여 2번째 행에 중단점을 추가 │
    1    const message = "디버그 실행 중";           └─────────────────────────┘
●   2    console.log(message);
    3    |
```

디버깅을 시작하려면 작업 표시줄에서 [실행과 디버깅] 아이콘을 클릭하고 디버그 뷰를 열고 [실행 및 디버그] 버튼을 클릭하거나 F5 키를 누릅니다.

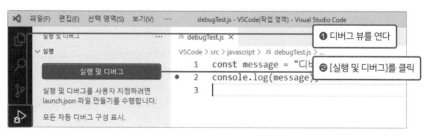

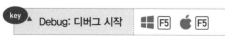

실행하는 환경의 선택지가 표시되므로 「Node.js」를 선택하면 Node.js 환경에서 디버그가 시작되고, 중단점에서 실행이 일시정지합니다.

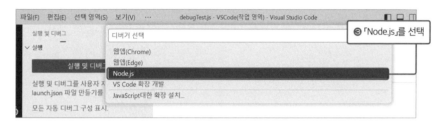

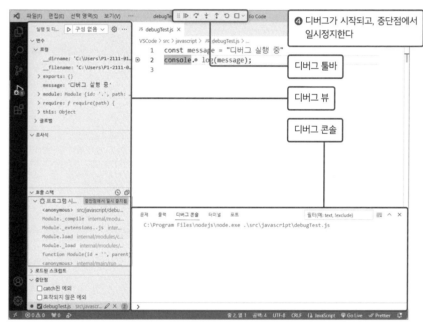

디버그 중에 할 수 있는 액션

디버그 중에 **변수에 마우스 포인터를 맞추면 그 시점에서의 변수값이 표시됩니다.** debugTest.js에서는 변수 message에 마우스 포인터를 맞추면 1번째 행에 대입된 '디버그 실행 중'이 표시됩니다.

```
JS debugTest.js ×

VSCode > src > javascript > JS debugTest.js >
    1    const message    const message: "디버그 실행 중"
 ▷  2    console.● log(message);
    3    |
```

또한, 디버그 중에는 화면 위쪽에 **디버그 툴바**가 표시됩니다. 디버그의 계속/중지나, 1행씩 프로그램을 실행하는 **단계 실행**을 이 툴 바에서 행합니다.

디버그 툴바의 버튼

텍스트	텍스트
①계속	다음 중단점까지 프로그램을 실행한다
②스텝오버	1행 단위로 실행한다(함수 내부에 들어가지 않는다)
③스텝인	1행 단위로 실행한다(함수 내부에 들어간다)
④스텝아웃	현재 실행하고 있는 함수의 호출원까지 프로그램을 실행한다
⑤다시 시작	다시 한번 처음부터 디버그 실행한다
⑥중지	디버그 실행을 중지한다

디버그 툴바가 편집기 탭 등을 숨긴 경우는 왼쪽 끝부분을 드래그하여 움직일 수도 있습니다.

```
JS debugTest.js ×              ⠿ ▷ ⤳ ↧ ↑ ↺ □˅

VSCode > src > javascript > JS debugTest.js > ...     드래그로 이동할 수 있다
    1    const message = "디버그 실행 중";
 ▷  2    console.● log(message);
```

JavaScript를 디버그 실행하면 화면 아래의 패널에 디버그 콘솔이 표시됩니다. 표시되지 않은 경우는 메뉴 바의 [보기]–[디버그 콘솔]을 클릭하면 나타납니다. 디버그 콘솔은 이름 그대로 디버그 중에 콘솔로 사용할 수 있는 영역이며, console.log 메서드의 출력뿐만 아니라 여기에 식을 입력하여 평가할 수도 있습니다.

현재, debugTest.js는 2번째 행의 console.log 메서드를 실행하기 직전에 일시 정지한 상태이므로 단계 정보 혹은 단위 실행 버튼을 클릭하면 console.log 메서드가 실행되어 디버깅 콘솔에 결과가 표시됩니다.

디버그를 마치고 파일 편집으로 돌아가려면 프로그램을 끝까지 실행하거나 디버그 실행을 중지합니다. [계속]이나 [중지] 버튼 중 하나를 클릭하면 디버그 실행이 종료합니다.

파이썬 파일을 디버그한다

Python 파일을 디버그하는 절차도 기본적으로 JavaScript 파일과 동일하지만, Python 확장이 활성화되어 있어야 한다는 점에 주의해야 합니다.

Python 파일의 디버그 실행을 시작하면 실행하는 환경의 선택지가 표시되므로 「Python File」을 선택합니다. 디버그 실행 중에는 JavaScript와 마찬가지로 변수 확인 및 단계 실행을 할 수 있습니다.

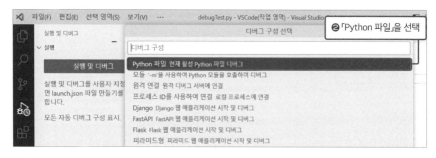

Python의 디버그가 JavaScript와 다른 점은 프로그램에 의한 표준 출력이 디버그 콘솔이 아닌 터미널에 표시된다는 점입니다.

터미널은 VSCode에서 Windows의 명령 프롬프트나 Mac의 터미널을 비롯한 커맨드라인 툴을 이용하는 기능입니다. Python의 프로그램은 IDLE 등의 커맨드라인 툴에서 실행되므로 VSCode에서 Python 프로그램을 디버그한 경우는 그 결과가 터미널에 표시됩니다.

터미널에서 이용하는 쉘은 Windows에서는 PowerShell, Mac과 Linux에서는 bash가 기본값으로 되어 있으나, [+] 옆에 있는 풀다운 리스트에서 선택해 전환할 수도 있습니다.

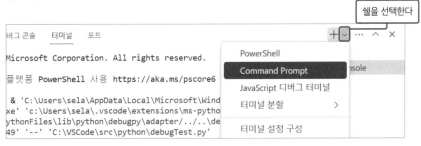

단계 실행의 종류

P.187에서 설명한 디버그 툴 바에 있는 **스텝오버/스텝인/스텝아웃의** 차이에 대해 알아봅시다.

다음 그림과 같이 함수를 호출하는 행(6번째 행)이 실행 중인 경우, 스텝인하면 함수 내부로 들어가 2번째 행으로 이동, 스텝오버하면 함수 내부의 처리를 실행한 후 7번째 행으로 이동합니다.

스텝오버해도 함수 내의 처리를 실행하지 않는 것은 아니며, **어디까지나 단계 실행의 커서가 다음에 어떤 행으로 이동할지가 다를 뿐**이라는 점에 주의하세요.

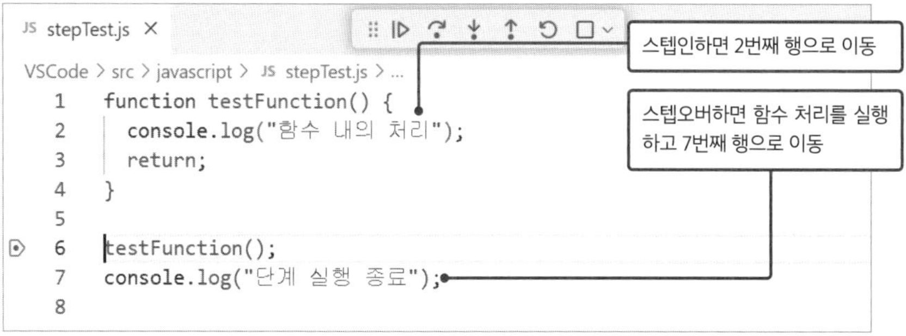

```
JS stepTest.js ×                    :: ▷ ⟳ ↓ ↑ ⟲ ☐ ∨
VSCode > src > javascript > JS stepTest.js > ...
     1    function testFunction() {
     2    │   console.log("함수 내의 처리");
     3    │   return;
     4    }
     5
⏵    6    testFunction();
     7    console.log("단계 실행 종료");
     8
```

> 스텝인하면 2번째 행으로 이동

> 스텝오버하면 함수 처리를 실행하고 7번째 행으로 이동

스텝아웃은 다른 2개만큼 사용할 기회는 많지 않을 수 있지만, 현재 실행하고 있는 함수의 호출원까지 단계 실행의 커서를 이동시킵니다. 이번 예에서는 2번째 행을 실행 중에 스텝아웃하면 함수 testFunction을 나와 7번째 행으로 커서가 이동합니다.

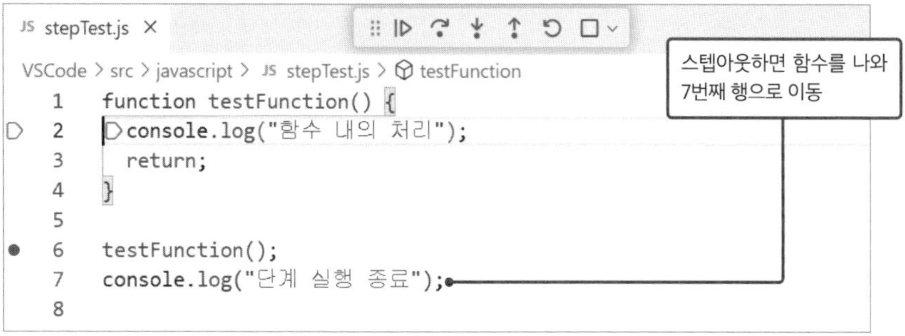

```
JS stepTest.js ×                    :: ▷ ⟳ ↓ ↑ ⟲ ☐ ∨
VSCode > src > javascript > JS stepTest.js > ⊕ testFunction
     1    function testFunction() {
⏵    2    ⏵console.log("함수 내의 처리");
     3    │   return;
     4    }
     5
●    6    testFunction();
     7    console.log("단계 실행 종료");
     8
```

> 스텝아웃하면 함수를 나와 7번째 행으로 이동

#표준 기능 / #프로그래밍

section 07

디버그 중에 프로그램의
세부 정보를 확인한다

고도의 디버그 기능으로
개발을 편하게

디버그 중인 화면에는 동작 검증이나 오류 해결에 도움이 되는 정보가 많이 표시되어 있습니다.

디버그 뷰에 표시되는 정보

디버그 실행 중에 화면에는 디버깅 툴바뿐만 아니라 다양한 정보가 표시되어 있습니다.

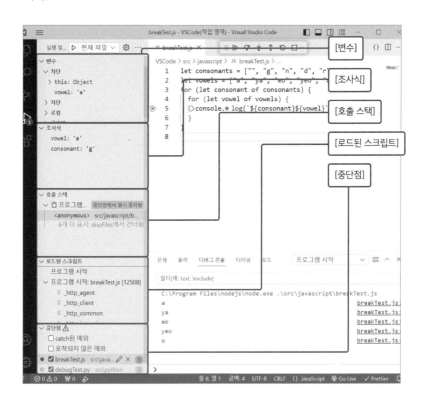

디버그 뷰 가장 위의 [변수]란에는 실행 중의 스코프에서 유효한 변수의 값이 정리되어 있습니다. 블록 내의 변수, 글로벌 변수, 로컬 변수 등의 종류별로 표시되므로 목적의 변수를 찾기 쉽게 되어 있습니다.

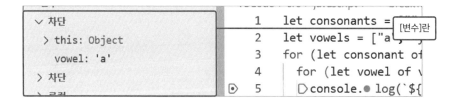

[조사식]란은 원래 공란으로 되어 있는데, 변수명이나 식을 추가하고, 그 값을 항상 감시할 수 있습니다. 실행 중에 값이 갱신되는 변수 등을 감시하기에 편리합니다.

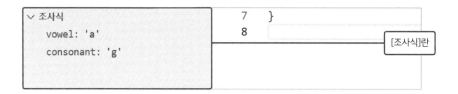

[조사식]란에 새로운 식을 추가하려면, [+] 아이콘을 클릭해 식을 입력합니다. 변수명뿐만 아니라 변수의 값을 조합한 식을 적을 수도 있습니다.

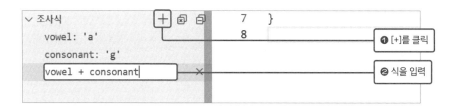

또, 한번 추가한 조사식은 디버그가 종료해도 [조사식]란에 계속 남아 있습니다. 불필요하게 된 식은 우클릭-[식 삭제]로 1개씩 삭제하거나, 🗗 를 클릭하여 한꺼번에 삭제합시다.

[호출 스택]란에는 함수의 호출 이력이 표시됩니다. 지금 실행하고 있는 함수가 어디에서 호출되었는지에 대한 경로를 파악할 수 있습니다.

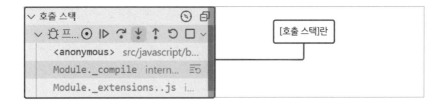

[로드된 스크립트]란에는 디버그 중의 파일을 실행하기 위해서 읽어들인 스크립트가 일람 표시됩니다. 이번 프로그램처럼 1개의 파일로 완결되는 프로그램에서는 잘 사용하지 않지만 여러 파일로 구성된 프로그램 개발에 도움이 됩니다.

[중단점]란에서는 추가한 중단점의 일람을 확인할 수 있습니다. 실행 중인 파일뿐만 아니라 폴더나 작업 영역 내의 다른 파일에 추가한 중단점도 표시됩니다.

[×]를 클릭하여 중단점을 삭제할 수 있는 것 외에 각 중단점의 왼쪽에 있는 체크 박스로, 유효/무효를 바꿀 수 있습니다. 중단점을 삭제하고 싶지는 않지만 지금은 필요하지 않은 경우는 무효로 합시다.

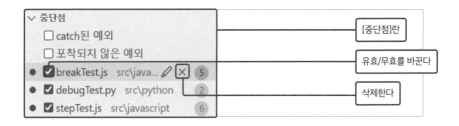

조사식과 마찬가지로 ⓓ 를 클릭하여 중단점을 한꺼번에 삭제할 수도 있지만, 모든 파일의 중단점이 삭제되어 버리기 때문에 주의하세요.

중단점을 편집

중단점은 기본적으로 「프로그램이 이 직전까지 실행되었으면 일시 정지하고 싶다」라는 행에 추가하지만, 반복 처리가 행해지고 있는 부분이나 자주 호출되는 함수에 중단점을 추가한 경우, 동일한 중단점에서 여러 번 실행이 정지되어 디버그 작업이 번거로워질 수 있습니다.

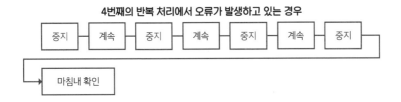

VSCode에서는 한번 추가한 중단점을 편집하여 「어떤 조건이 충족되었을 때 일시 중지한다」, 「일정한 횟수만큼 실행되면 중지한다」라는 특수한 설정을 추가할 수 있습니다. 이러한 설정을 추가하는 것으로, 몇 번이나 중지 → 계속을 반복하지 않아도 적절한 타이밍에 디버그 실행을 일시 정지할 수 있습니다.

중단점을 편집하려면 편집기상에서 중단점을 우클릭–[중단점 편집]을 클릭합니다. 편집할 수 있는 항목에는 「식」, 「적중 횟수」, 「로그 메시지」의 3종류가 있는데, 각각의 항목에서 중단점에 다음과 같은 설정을 추가할 수 있습니다.

중단점의 편집 항목

이름	설명
식	조건식을 적고, 그 식이 true가 되었을 경우에 실행을 일시 정지한다
적중 횟수	그 행이 지정된 횟수만큼 실행되었을 때 실행을 일시 정지한다. 「>5」「=== 10」과 같이 비교 연산자와 수치로 조건을 적는다
로그 메시지	실행은 정지되지 않지만 JavaScript의 console.log 메서드와 같이 지정한 메시지를 디버그용의 로그로 출력한다

또, 1개의 중단점에 여러 종류의 설정을 더할 수도 있습니다.

이번은 중단점의 행이 10번째에 실행되었을 때 일시 정지하도록 중단점을 편집합시다. 편집기상에서 중단점을 우클릭–[중단점 편집]을 클릭하고, 항목의 리스트로부터 [적중 횟수]를 선택합니다.

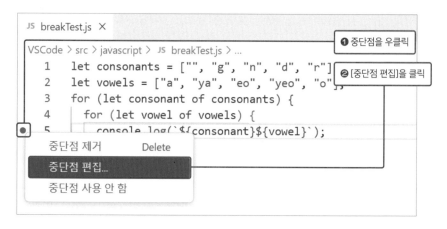

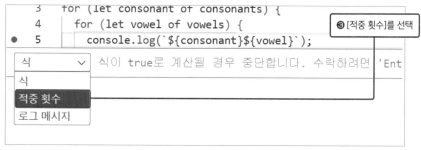

적중 횟수 조건은 단순히 「10」이라고 수치를 쓰는 것이 아니라 비교연산자와 수치를
사용하여 「=== 10」이라고 적습니다. 조건을 다 적었으면 Enter 키를 눌러 편집을 완
료합니다.

```
3    for (let consonant of consonants) {
4      for (let vowel of vowels) {
●  5        console.log(`${consonant}${vowel}`);
```
적중 횟수 ∨ ===10 ─────── ❹ 비교연산자와 수치로 조건을 적는다
```
6    }                        ❺ Enter 키를 누른다
7  }
```

CHAPTER

6

VSCode에서
Git을 사용해 보자

section
01

#개요 설명 / #Git의 기초 지식

버전 관리 시스템 Git

구조의 이해를
빠뜨릴 수 없다

VSCode의 소스 제어 뷰를 접하기 전에 Git 및 버전 관리 등의 기본 용어를 설명합시다.

Git의 특징과 장점

VSCode에는 **Git(깃)**에 의한 버전 관리를 행하는 기능이 표준으로 준비되어 있습니다. 작업 표시줄에서 전환할 수 있는 **소스 제어 뷰**가 그것입니다. Git은 주로 프로그램 개발에서 사용되는 기술이지만, 최근에는 웹 제작에서 사용되는 경우도 늘어나고 있어서 많은 분들이 이름을 들어본 적이 있을 것입니다.

많은 인원이 프로그램 개발을 하는 경우, **누가 어떤 파일을 어떻게 변경했는지**를 파악하지 못하면 대혼란이 일어날 수 있습니다. 이를 해결하기 위해 등장한 것이 Git 등의 버전 관리 시스템입니다. 파일의 변경 이력을 기록하여 문제를 찾기 쉽게 하고 필요하면 과거의 상태로 되돌릴 수도 있습니다.

VSCode의 소스 제어 뷰

버전 관리의 기초 지식

Git의 사용법은 기본에만 국한하면 그다지 어렵지 않지만, 구조를 이해하지 못하면 어려움을 겪기 쉽습니다. 먼저, 기본적인 구조 및 사고방식부터 설명합니다.

Git을 이용하기 위해서 일단 필요한 것이 **리포지토리(저장소)**입니다. 컴퓨터 내 저장소를 **로컬 리포지토리**라고 하며, 그 안에 저장한 파일의 버전이 관리됩니다. 로컬 리포지토리라는 이름은 생소할 수 있지만 실체는 보통 폴더 안에 「변경 이력을 저장하기 위한 숨겨진 영역」이 더해진 것입니다.

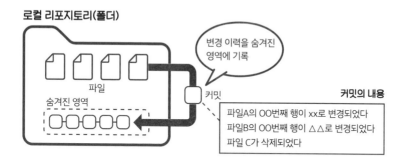

변경 이력을 숨겨진 영역에 기록하는 조작을 **커밋**이라고 하며, 숨겨진 영역에 기록된 변경 이력도 **커밋**이라고 합니다. Git을 사용하기 시작하면서 가장 처음에 고민하는 것이 커밋을 하는 빈도입니다. 정해진 지침은 없지만, 커밋하지 않은 변경 사항은 어떤 동기로 손실(다른 사람의 변경으로 지워지거나, 이전 상태로 되돌아가는 등) 될 수 있기 때문에 적어도 1일 1회 정도는 커밋하는 것을 권장합니다.

Git에는 공동 작업을 위한 구조도 준비되어 있습니다. 네트워크상에 **리모트 리포지토리**를 생성하고, 각 작업 멤버의 로컬 리포지토리와 동기화하는 것입니다. Dropbox 등의 파일 공유 서비스라면 파일 저장 시 자동으로 동기화되지만, Git는 **푸시/풀**이라는 조작을 하지 않으면 동기화되지 않습니다.

또 하나 Git에서 주의해야 할 것은 동기화되는 것은 숨겨진 영역 내의 변경 이력(커밋)이라는 점입니다. 커밋하지 않은 파일이 손실되는 이유는 바로 그 때문입니다.

Git의 기초 지식의 마지막으로, **브랜치**에 대해 설명합니다. 브랜치란 변경 이력의 흐름을 분기시키는 것입니다. 예를 들어 앱에 새로운 기능을 추가하는 작업을 위한 브랜치를 만들어 두면 잘못됐을 때 브랜치 전체를 버릴 수 있습니다. 잘 됐을 경우 브랜치를 **병합(머지)**합니다.

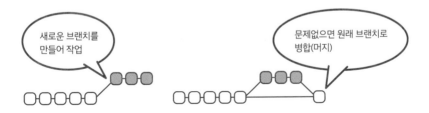

Git의 브랜치는 상당히 손쉽게 사용되는 기능으로, 동시에 여러 개의 브랜치를 만들어지기도 합니다. 또한, 다음에 소개하는 GitHub에는 브랜치를 머지하기 전에 관계자에게 리뷰를 받는 **풀 리퀘스트**라는 기능이 있으며, 그쪽도 함께 사용됩니다.

Git과 GitHub

Git과 함께 **GitHub(깃허브)**를 들어본 적이 있는 분도 많을 것입니다. GitHub는 리모트 리포지토리를 생성할 수 있는 온라인 서비스입니다. 자력으로 리모트 리포지토리를 만드는 경우는 Git 서버를 구축해야 하지만, GitHub를 이용하면 리포지토리 이름만 정하면 됩니다.

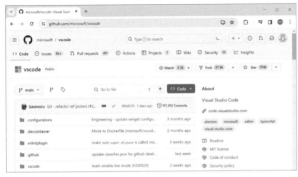

GitHub의 VSCode 리포지토리

무료 요금제에서도 공개/비공개를 막론하고 무제한으로 리포지토리를 만들 수 있기 때문에 오픈 소스 프로젝트의 상당수가 GitHub에 모여 있습니다. VSHub도 GitHub상의 오픈 소스 프로젝트 중의 하나입니다.

GitHub는 단순히 파일의 저장소로만 사용될 뿐만 아니라, 개발자 간에 소프트웨어 문제를 상담할 수 있는 이슈나 머지 전에 관계자가 변경 여부를 논의하는 풀 리퀘스트/코드 리뷰 등 풍부한 기능이 준비되어 있습니다.

VSCode의 소스 제어 뷰에서 할 수 있는 것

VSCode의 소스 제어 뷰에는 Git과 GitHub를 이용하는 다음과 같은 기능이 준비되어 있습니다.

Git 관련 기능

- 커밋
- 리모트 리포지토리로 푸시/풀
- 변경 부분의 확인
- 브랜치의 생성, 전환
- 충돌의 해결
- 차이의 표시
- 타임라인의 확인

GitHub 관련 기능

- 리모트 리포지토리로부터 클론을 생성
- 풀 리퀘스트
- 이슈의 이용
- 가상 파일 시스템

할 수 없는 것은 로컬 리포지토리의 생성 정도이고, 대부분의 조작을 VSCode상에서 시행할 수 있습니다. 각 기능의 구체적인 사용법은 조금씩 설명하겠지만 먼저 주요 특징을 소개합니다.

VSCode의 버전 관리 기능 중에서도 누구나 혜택을 받을 수 있는 것이 변경 부분을 눈에 띄게하는 기능일 것입니다. 이전 커밋에서 **어떤 파일의 어디가 바뀌었는지**를 확인하면서 작업을 진행할 수 있습니다.

이전 회에서의 변경 부분이 거터 인디게이터로 표시된다

또한, 차이 표시 기능도 유용한 기능입니다. 파일의 차이를 확인하는 툴을 diff(디프)라고 하는데, 그것이 내장되어 있습니다.

과거의 상태와 나란히 비교할 수 있다

리모트 리포지토리에서 풀했을 때, 변경의 불일치로부터 **충돌**이 일어날 수 있습니다. 그 해결도 VSCode에서 할 수 있습니다.

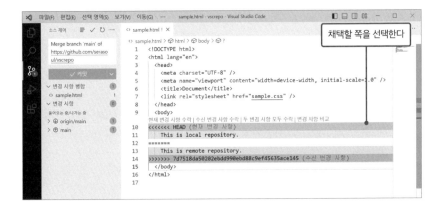

채택할 쪽을 선택한다

GitHub Pull Requests and Issues 확장으로 GitHub용 기능을 추가할 수 있습니다.

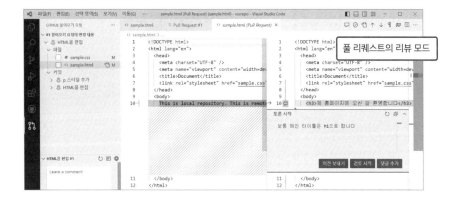

풀 리퀘스트의 리뷰 모드

GitLens 확장은 표준의 Git 관리 기능을 더욱 강화합니다. 화면이 변화하기 때문에 section10까지는 설치하지 않은 상태로 설명하지만 Git에 익숙해지면 꼭 넣어 보세요.

GitLens 설치 후의 화면

또한, 온라인판 VSCode(Visual Studio Code for the Web)가 있습니다. GitHub와 연동하는 경우도 많기 때문에 이 CHAPTER의 마지막에 소개합니다.

section

02

Git의 이용 준비를 한다

설치와 계정 생성

Git과 GitHub를 이용하려면 Git의 소프트웨어를 설치하고 GitHub 계정을 만들어야 합니다.

Git 소프트웨어의 설치

환경에 Git의 소프트웨어가 설치되어 있지 않은 경우, VSCode의 소스 제어 뷰에 설치를 촉구하는 메시지가 표시됩니다.

Git의 설치를 촉구한다

Git의 공식 사이트에서 Git의 소프트웨어를 설치합시다. macOS는 표준으로 Git이 설치되어 있지만 버전이 오래된 경우가 있습니다. 필요에 따라 최신 버전을 설치하세요.

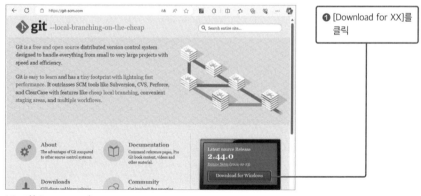

❶ [Download for XX]를 클릭

https://git-scm.com/

다운로드한 파일을 더블 클릭하면 설치가 시작됩니다. 설치 중에는 여러 옵션 설정이 표시되지만, 일반적으로 기본 설정 그대로 해도 문제가 없을 것입니다. 직장에서 사용하는 경우는 권장 설정을 확인하세요.

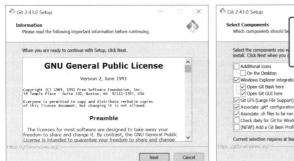

❷ 특별히 조직의 권장 설정 등이 없으면 [Next]를 클릭해 가면 OK

Point 옵션 설정에 대해서

Git을 설치할 때 표시되는 옵션 중에서 일반적으로 필요한 것이 Line Ending, 즉 줄바꿈 코드의 설정입니다. 줄바꿈 코드는 Windows에서는 CR과 LF 두 문자, macOS나 Linux에서는 LF 한 문자를 사용하기 때문에 변환이 필요할 수 있습니다. 또한, VSCode 자체에서는 CRLF와 LF 둘 다 대응하고 있습니다. 초기 설정인 「Checkout Windows-style, commit Unix-style line endings」는 Windows에서는 CRLF로 하고, 커밋 시에는 LF로 자동 변환하는 방법입니다. 대개는 이 설정으로 문제가 없지만, 예를 들어 앱의 설정 파일의 줄바꿈 코드가 변환되어 문제가 발생하는 경우도 있습니다. 그 경우에는 **자동 변환하지 않는**「Checkout as-is, commit as-is」를 선택하세요. 또한, .gitattributes 파일을 리포지토리 바로 아래에 두고 리포지토리별로 독립적인 설정으로 할 수도 있습니다.

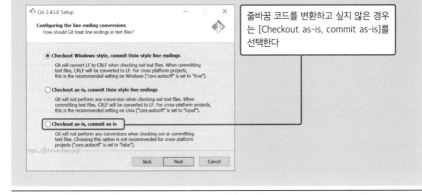

줄바꿈 코드를 변환하고 싶지 않은 경우는 [Checkout as-is, commit as-is]를 선택한다

GitHub 계정을 생성한다

다음은 GitHub를 이용하기 위한 계정을 생성합시다. 컴퓨터 내에서 Git만을 사용한다면 GitHub는 필요하지 않지만, 공동 작업을 위해 자주 사용되므로 미리 준비해 두는 것을 추천합니다. 계정 생성(Sign Up)에 필요한 것은 메일 주소뿐입니다.

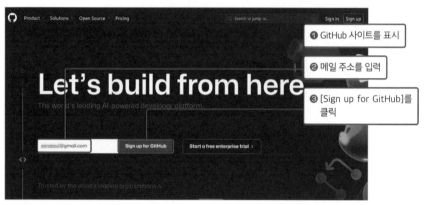

① GitHub 사이트를 표시

② 메일 주소를 입력

③ [Sign up for GitHub]를 클릭

https://github.com

비밀번호와 계정명을 정하고 나서 로봇이 아님을 인증하면 계정이 생성됩니다. 사용자 인증 메일이 도착하면 링크를 클릭하여 인증하세요.

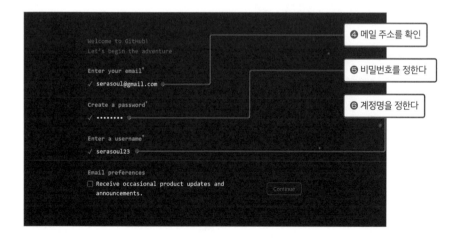

④ 메일 주소를 확인

⑤ 비밀번호를 정한다

⑥ 계정명을 정한다

Git과 GitHub의 사용자명을 일치시킨다

Git을 이용할 때는 「누가 변경했는지」를 기록하기 위해서 사용자명을 정해둬야 합니다. GitHub를 함께 사용하는 경우는 그 계정명과 일치하도록 하는 것을 권장합니다.

Git의 설정을 하기 위해서, Windows의 경우는 Git for Windows에 포함된 **GitBash (깃배시)**를 실행합시다. GitBash는 Windows상에서 Linux 스타일의 커맨드라인 조작을 실현하는 툴입니다. macOS의 경우는 표준 **터미널**을 실행해 주세요.

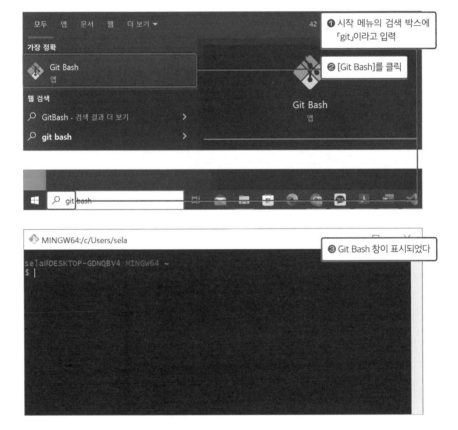

Git Bash에 다음 2개의 명령어를 입력하세요.

```
git config --global user.name "사용자명"
git config --global user.email 메일 주소
```

MINGW64:/c/Users/sela

❹ 사용자명(계정명)을 설정하는 명령어를 입력하고 Enter 키를 누른다

```
sela@DESKTOP-GDNQBV4 MINGW64 ~
$ git confit --global user.name "serasoul"
```

MINGW64:/c/Users/sela

❺ 메일 주소를 설정하는 명령어를 입력하고 Enter 키를 누른다

```
sela@DESKTOP-GDNQBV4 MINGW64 ~
$ git config --global user.name "serasoul"

sela@DESKTOP-GDNQBV4 MINGW64 ~
$ git config --global user.email serasoul@gmail.com
```

이제 Git을 사용하기 시작할 준비가 완료되었습니다. Git은 본래라면 Bash처럼 커맨드라인 툴로 조작하며, 커밋/풀/푸시 등의 조작도 명령어로 시행합니다. 하지만 VSCode의 소스 제어 뷰를 이용하면 자주 사용하는 조작에 관해서는 GUI(마우스 조작)로도 시행할 수 있습니다.

Git의 명령어 조작을 설명하기에는 끝이 없기 때문에 이 책에서는 VSCode에서 할 수 없는 부분만 명령어 조작을 설명합니다. 커맨드라인 툴 자체가 아무래도 익숙하지 않은 경우 GitHub Desktop이나 Sourcetree 등의 GUI 도구의 이용도 고려해 보세요.

- **GitHub Desktop**
  https://desktop.github.com/

- **Sourcetree**
  https://www.sourcetreeapp.com/

GUI로 Git를 조작하는 GitHub Desktop

Git을 사용해야 하지만, 커맨드라인이 아무래도 익숙하지 않거나 혹은 함께 작업하는 팀원에게 커맨드라인 툴의 사용법을 알려줄 시간이 없다면 GitHub Desktop을 추천합니다. GitHub Desktop은 GitHub에서 무료로 배포하고 있는 GUI의 Git 클라이언트입니다. 간단한 화면이면서 로컬 리포지토리의 생성, 리모트 리포지토리의 클론, 푸시/풀, 브랜치 생성/전환/머지 등 대부분의 작업을 수행할 수 있습니다.

GitHub 공식 툴이므로 GitHub와의 호환성도 좋고, 설정에서 고민할 일도 거의 없습니다. 처음 Git을 사용하는 사람이라도 기본 조작이라면 금방 익숙해질 것입니다.

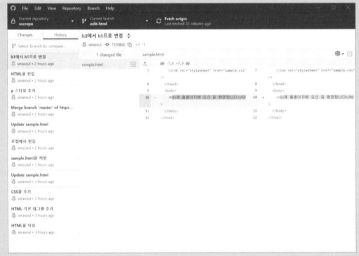

GitHub Desktop

#표준 기능 / #Git의 기본

section
03

로컬 리포지토리를 생성한다

혼자서 하는 버전 관리 우선은 로컬 리포지토리를 생성하고 VSCode의 소스 제어 뷰로부터 이용해 봅시다.

Git Bash를 사용하여 로컬 리포지토리를 만든다

VSCode에서 할 수 없는 작업 중 하나는 로컬 리포지토리를 생성하는 일입니다. 여기서는 Git Bash(macOS에서는 터미널)를 사용하여 생성하는 방법을 설명합니다. 로컬 리포지토리로 설정할 폴더를 만들고 나서 「git init」이라는 명령어를 실행하는 것뿐이지만, 그 전에 Git Bash에서 대상의 폴더로 이동해야 합니다. Git을 처음 쓰는 분들을 위해 한 단계씩 진행하겠습니다.

우선, 파일 탐색기 등에서 폴더를 만들어 주세요. 이름은 아무거나 상관없지만, 불필요한 문제를 피하기 위해 **영숫자 이름**으로 하는 것을 권장합니다. 여기에서는 [문서] 폴더의 바로 아래에 [vscrepo] 폴더를 만들기로 합니다. 탐색기 주소창의 폴더 아이콘을 클릭하면 **파일 경로**를 확인할 수 있습니다.

❶ 주소창의 폴더 아이콘을 클릭

❷ 파일 경로를 확인

다음으로 Git Bash를 실행하고, **cd 명령어**로 [vscrepo] 폴더까지 이동합니다. Git Bash 화면을 보면 「~」(물결표)가 표시되어 있을 것입니다. 이것은 현재 위치가 사용자 폴더(c:/users/사용자명)인 것을 나타냅니다.

이것으로 Git Bash의 현재 위치가 [vscrepo] 폴더가 됩니다. 이 조작이 번거로운 경우는 탐색기의 윈도 내를 우클릭하여 [Git Bash Here]를 선택하면, 그 폴더를 현재 위치로 한 상태로 Git Bash를 열 수 있습니다.

이 상태에서 **git init 명령어**를 실행하세요. 「Initialized empty Git repository」라고 표시되면 로컬 리포지토리화 성공입니다.

탐색기에서 [vscrepo] 폴더를 확인해 보면 아무런 변화가 없는 것처럼 보입니다.

그런데, 탐색기의 [보기] 탭의 [숨긴 항목]에 체크 마크를 넣으면 「.git」라는 이름의 숨겨진 폴더가 만들어져 있는 것을 확인할 수 있습니다.

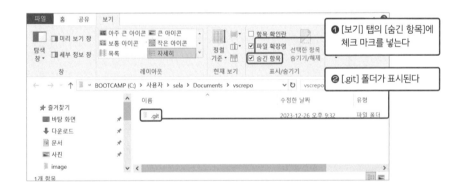

이것이 커밋을 기록하는 숨겨진 영역입니다. Git을 이용하는 동안에는 이 폴더를 조작하지 않도록 주의하세요. [숨긴 항목]의 체크 마크는 빼둡시다.

VSCode에서 로컬 리포지토리를 연다

로컬 리포지토리를 VSCode에서 이용하는 방법은 매우 간단하며 폴더를 열기만 하면 됩니다. 소스 제어 뷰의 [폴더 열기]를 클릭해도 되고, 지금까지처럼 [파일]-[폴더 열기]를 선택해서 열어도 됩니다.

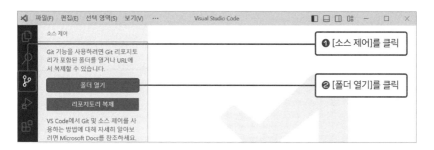

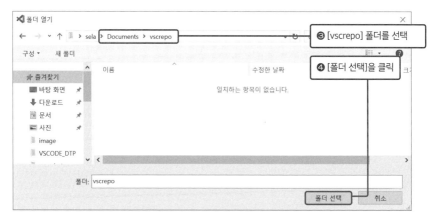

소스 제어 뷰로 전환하면, 커밋과 같은 작업을 위한 메뉴가 표시됩니다.

#표준 기능 / #Git의 기본

로컬 리포지토리상에서 작업한다

먼저 「커밋」을 이해   VSCode의 소스 제어 뷰를 조작하면서 로컬 리포지토리의 기본 조작을 배웁시다.

파일을 생성하고 커밋한다

로컬 리포지토리가 만들어졌으니 그 안에서 작업을 해 나갑시다. 로컬 리포지토리에서의 작업이라고 해도 파일의 생성/편집 등은 일반 폴더 내에서 행하는 경우와 다르지 않습니다.

[vscrepo] 폴더 내에 sample.html이라는 파일을 만들어 봅시다.

❶ [새 파일]을 클릭

❷ 파일명을 입력하고 [Enter] 키를 누른다

생성한 파일을 보면 탐색기 뷰나 탭 등에 「U」 아이콘이 표시되어 있습니다. 이 U는 **Untracked File(미추적 파일)**의 약어로, 커밋되지 않아 Git에서 관리되지 않은 파일임을 나타내고 있습니다.

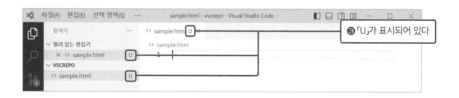

❸ 「U」가 표시되어 있다

파일을 생성한 단계에서 일단 커밋해 봅시다. 소스 제어 뷰로 전환하면 [변경 사항] 아래에 sample.html이 표시되어 있습니다. 이 파일을 커밋에 포함시키기 위해서 「**변경 내용 스테이징**」이라는 조작을 행합니다. 즉, 커밋할 파일을 선택해야 합니다.

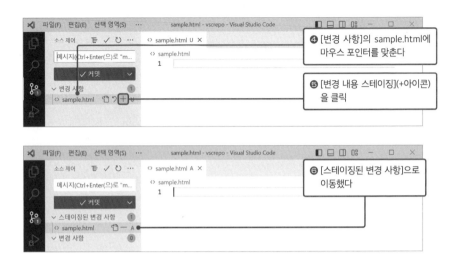

변경을 스테이징했으면, 위쪽의 입력란에 **커밋 메시지**를 입력하고 커밋합니다. 커밋 메시지는 커밋의 내용을 나타내는 것으로, 너무 길지 않고 알기 쉬운 것으로 합시다. 여기서는 「HTML을 작성」으로 합니다.

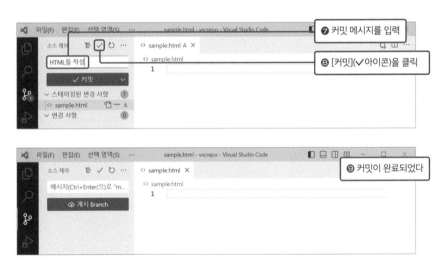

커밋되면 소스 제어 뷰에서 [변경 사항]이나 [스테이징된 변경 사항]이 사라집니다. 새롭게 표시된 [게시 Branch]라는 버튼은 로컬 리포지토리를 GitHub에 공개하기 위한 것입니다. 이것에 대해서는 나중에 설명하겠습니다.

파일을 편집하여 커밋한다

다음은 sample.html의 내용을 적고 나서 다시 커밋합시다. emmet을 이용하여 기본 HTML을 써넣습니다. 변경한 파일을 덮어써 저장하면, 소스 제어 뷰의 [변경 사항]에 파일이 표시됩니다. 또한, 이번에는 **변경되었음(Modified)**을 의미하는 「M」아이콘이 붙어 있습니다.

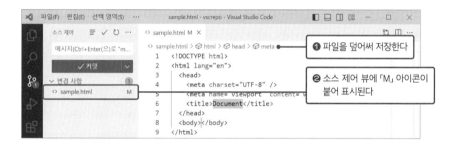

커밋 방법은 같습니다. 변경을 스테이징하고 커밋 메시지를 붙여 커밋합니다.

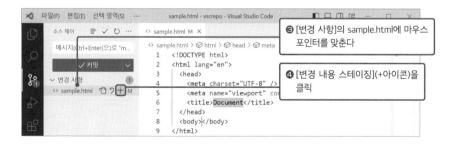

타임라인에서 변경 이력을 확인한다

커밋해도 화면상으로는 거의 변화가 없기 때문에 제대로 커밋되었는지 불안하네요.
커밋 이력은 탐색기 뷰(소스 제어 뷰가 아닙니다)의 **타임라인**에서 확인할 수 있습니다.

타임라인의 커밋을 클릭하면 그 커밋에서 변경된 내용이 표시됩니다. 이것으로 어디
가 어떻게 변경되었는지를 좇을 수 있습니다.

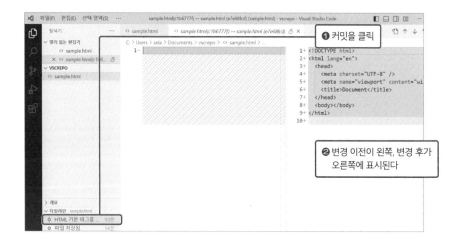

❶ 커밋을 클릭

❷ 변경 이전이 왼쪽, 변경 후가 오른쪽에 표시된다

여러 변경 사항을 합쳐서 커밋한다

다음은 여러 변경을 합쳐서 커밋합시다. sample.css를 생성하고 sample.html에 link 태그를 추가한 상태를 커밋합니다.

❶ sample.css를 생성

❷ sample.html에 link 태그를 추가

소스 제어 뷰로 전환하면 여러 파일이 표시되어 있습니다. 이러한 파일을 모두 커밋하고 싶은 경우는 [변경 사항]의 [모든 변경 내용 스테이징]을 클릭합니다.

이것으로 sample.css의 생성과 sample.html의 변경에 「CSS를 추가」라는 메시지를 붙여 커밋할 수 있었습니다.

커밋 이전의 변경을 파기한다

파일을 잘못 변경한 것을 깨닫고 이전 회의 커밋 상태까지 되돌리고 싶을 때는 **변경을 파기**합시다. 소스 제어 뷰에서 원래대로 되돌리고 싶은 파일을 선택하고 다음과 같이 조작합니다.

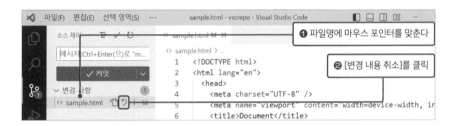

❸ [변경 내용 취소]를 클릭

❹ 변경 사항이 없어졌다

이전의 커밋을 취소한다

이미 커밋한 변경을 취소할 수도 있습니다. 소스 제어 뷰의 메뉴를 표시하여, [커밋]-[마지막 커밋 실행 취소]를 클릭하면 커밋 직전의 상태까지 되돌릴 수 있습니다. 여러 커밋을 취소하려면 이 작업을 반복하세요.

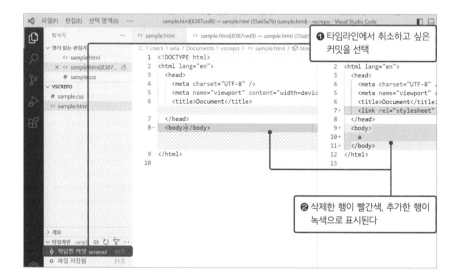

❶ 타임라인에서 취소하고 싶은 커밋을 선택

❷ 삭제한 행이 빨간색, 추가한 행이 녹색으로 표시된다

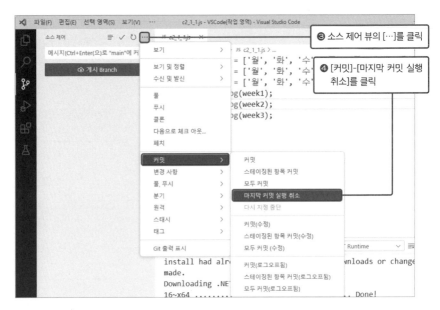

❸ 소스 제어 뷰의 [⋯]를 클릭

❹ [커밋]-[마지막 커밋 실행 취소]를 클릭

❺ 커밋하기 직전의 상태로 되돌아갔다

Point　　　Office 파일을 Git에서 관리할 때의 주의점

Excel이나 Word와 같은 Office 파일을 Git으로 버전 관리할 수도 있지만 이때 주의해야 할 점이 「~$」로 시작하는 숨김 파일의 처리입니다. 이 숨김 파일은 Office 파일을 열어 놓은 동안에 만들어지며 닫으면 사라집니다.

이러한 임시 파일을 커밋에 포함하면 다양한 문제가 발생할 수 있으므로 무시 파일(.gitignore)에 등록해 둡시다. 다음에 등록 예를 나타냅니다.

```
~$*.doc*
~$*.xls*
~$*.ppt*
```

section 05

로컬 리포지토리를 GitHub에 게시한다

로컬에서
리모트로

다른 사람과 공동 작업을 하려면 로컬 리포지토리를 GitHub에 게시하여 리모트 리포지토리를 만들어야 합니다.

VSCode와 GitHub를 연동한다

소스 제어 뷰에 [게시 Branch]라는 버튼이 표시되었던 것을 기억하시나요? 이 버튼을 클릭하면 로컬 리포지토리를 기반으로 GitHub상에 리모트 리포지토리를 만들 수 있습니다. 이 조작을 **게시(publish)**라고 합니다. 앞으로의 조작은 GitHub 계정을 생성하고, 웹 브라우저에서 로그인한 상태에서 진행하세요.

최초 게시 시에만 VSCode와 GitHub를 연동하기 위한 화면이 표시됩니다.

❶ [게시 Branch]를 클릭

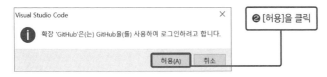

❷ [허용]을 클릭

❸ [Authorize Visual-Studio-Code]를 클릭

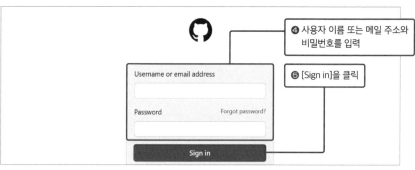

❹ 사용자 이름 또는 메일 주소와 비밀번호를 입력

❺ [Sign in]을 클릭

❻ [Visual Studio Code 열기]를 클릭

GitHub에 게시한다

이것으로 준비가 끝났으니, 다시 [게시 Branch]를 클릭합시다. 리모트 리포지토리를 비공개(private)와 공개(public) 중 어느 쪽으로 할지 선택할 수 있으므로 필요한 쪽을 선택하세요.

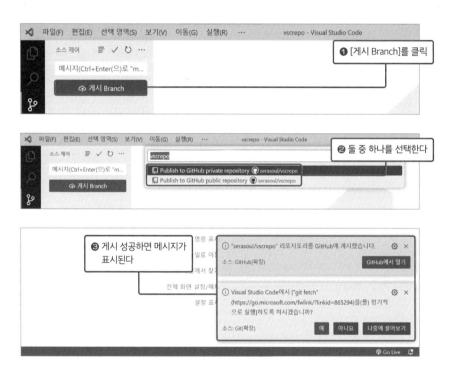

게시 성공을 전하는 메시지가 표시됩니다. 「git fetch를 정기적으로 실행하도록 하시겠습니까?」라는 메시지에 대해서는 [예]를 클릭하세요. git fetch는 리모트 리포지토리 상의 갱신을 확인하는 명령어입니다.

#표준 기능/ #Git의 기본

section

06

리모트 리포지토리를 클론한다

리모트에서
로컬로

이미 리모트 리포지토리가 존재하는 경우, 거기에 로컬 리포지토리를 만드는 것을 클론이
라고 합니다.

GitHub에서 클론한다

조금 전에는 로컬 리포지토리를 GitHub에 게시하는 방법을 설명했습니다. 그러나 앞
서 GitHub상의 리모트 리포지토리를 누군가 만들어 두었고, 그것과 연동되는 로컬 리
포지토리를 생성하고 나서 작업하는 경우도 많을 것입니다. 리모트 리포지토리에서 로
컬 리포지토리를 생성하는 행위를 **클론**이라고 합니다.

조금 전 GitHub에 게시한 리모트 리포지토리(https://github.com/계정명/vscrepo)
를 클론합니다. 로컬 리포지토리가 여러 개 있으면 알기 어렵기 때문에 [vscrepo] 폴더
를 삭제하고 나서 앞으로의 조작을 진행하세요.

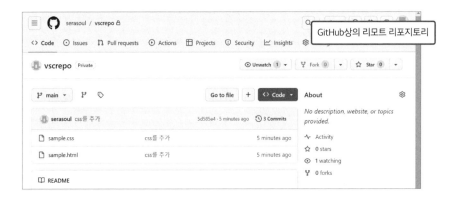

폴더를 닫은 상태에서 VSCode의 소스 제어 뷰를 열면, [리포지토리 복제]라는 버튼
이 표시됩니다. 클릭하여 클론하고 싶은 리포지토리를 선택합니다. GitHub와의 연동
설정이 끝나지 않은 경우는 이 단계에서 사인인 화면 등이 표시됩니다. P.207을 참고
로 연동 설정을 하세요.

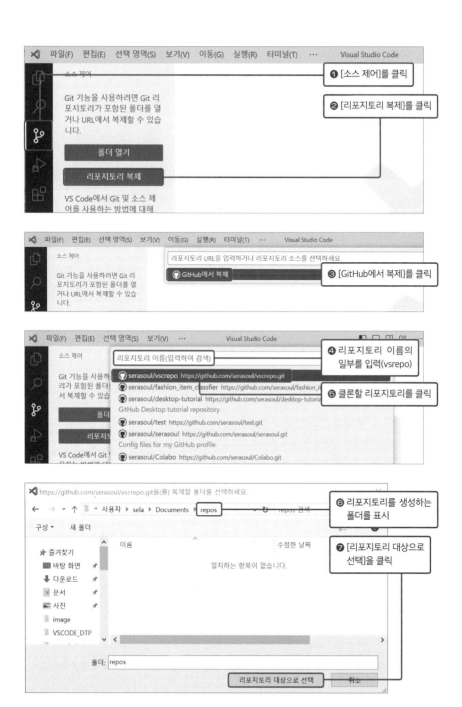

❶ [소스 제어]를 클릭

❷ [리포지토리 복제]를 클릭

❸ [GitHub에서 복제]를 클릭

❹ 리포지토리 이름의 일부를 입력(vsrepo)

❺ 클론할 리포지토리를 클릭

❻ 리포지토리를 생성하는 폴더를 표시

❼ [리포지토리 대상으로 선택]을 클릭

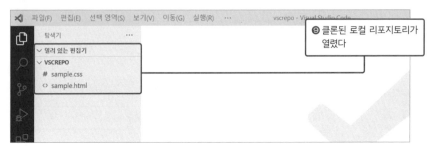

조금 전 선택한 폴더 내를 보면, [vscrepo] 폴더가 만들어지고 그 안에 sample.html과 sample.css도 저장되어 있습니다.

오해가 없도록 만약을 위해 설명해 두는데, 리모트 리포지토리의 **클론은 여러 번 할 필요는 없습니다.** 앞으로는 클론으로 만들어진 로컬 리포지토리에 대해 작업하세요. VSCode에서 폴더를 닫은 경우, 폴더를 여는 기능으로 로컬 리포지토리를 열면 작업을 재개할 수 있습니다.

리모트 리포지토리 측의 변경을 풀한다

클론한 로컬 리포지토리에서도 커밋 등의 조작은 바뀌지 않습니다. 다만, 앞으로는 자신의 커밋을 정기적으로 푸시하고, 동시에 다른 사람이 실시한 커밋을 풀해야 할 것입니다.

테스트를 위해 GitHub상에서 리모트 리포지토리의 파일을 편집해 봅시다. 리포지토리의 페이지(P.226 참조)에 「sample.html」이라는 파일명이 있으므로 그것을 클릭하면 파일이 표시됩니다. 여기서 연필 아이콘을 클릭하면 파일을 편집할 수 있습니다.

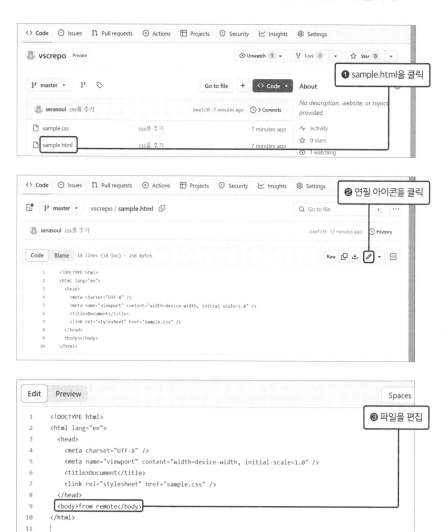

○ Commit directly to the master branch

○ Create a **new branch** for this commit and start a pull request
  Learn more about pull requests

Cancel   **Commit changes**

❹ 위쪽에 있는 [Commit changes]를
 클릭하고 나오는 팝업의 [Commit
 changes]를 클릭

이로써 리모트 리포지토리상의 sample.html이 갱신되었습니다. VSCode의 상태 표
시줄을 보면 갱신 아이콘 옆에 「1↓0↑」라고 표시되어 있습니다. 이것은 풀해야 할 커
밋이 하나 있고 푸시해야 할 커밋이 0임을 나타냅니다. 아이콘을 클릭하면 풀과 푸시
가 실행됩니다.

❺ 이 아이콘을 클릭

〉개요
〉타임라   vscrepo (Git) - origin/master에서 1개 커밋 풀
master ⟳ 1↓0↑ ⊗ 0 ⚠ 0 📡 0

Visual Studio Code   ✕   ❻ [확인]을 클릭

⚠ 이 작업은 'origin/master'을(를) 오가는 커밋을 풀/푸시합니다.

확인   다시 표시 안 함   취소

탐색기   ⋯   <> sample.html ✕   ❼ 파일이 갱신되어 있다
∨ 열려 있는 편집기   <> sample.html 〉 ...
  ✕ <> sample.html   1 <!DOCTYPE html>
∨ VSCREPO   2 <html lang="en">
  # sample.css   3   <head>
  <> sample.html   4   <meta charset="UTF-8" />
                       5   <meta name="viewport" content="width=device-width,
                       6   <title>Document</title>
                       7   <link rel="stylesheet" href="sample.css" />
                       8   </head>
                       9   <body>from remote</body>
                      10 </html>
                      11

〉개요
∨ 타임라인 sample.html
  ◇ Update sample.html... 11분   ❽ 타임라인에 커밋이 늘어나고 있다
  ◇ css를 추가 serasoul   39분
  ◇ HTML 기본 태그를 ...   40분
  ◇ HTML을 작성 serasoul

로컬 리포지토리 측의 변경을 푸시한다

다음은 로컬 리포지토리 쪽에서 커밋한 것을 푸시해 봅시다. 풀 때와 마찬가지로 상태 표시줄의 아이콘으로 푸시할 수도 있습니다.

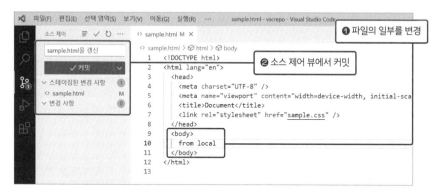

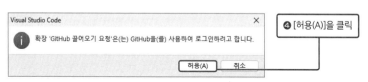

푸시/풀할 때마다 확인 메시지가 표시되면 매번 확인할 필요는 없기 때문에 익숙해지면 [다시 표시 안 함]을 클릭하세요.

푸시 후에 GitHub상의 리모트 리포지토리를 표시하면 파일이 갱신되어 있을 것입니다.

이번처럼 풀한 후에 변경하고 푸시한 경우는 문제가 발생하지 않지만, 여러 변경이 병행하여 이루어진 경우는 충돌이 발생할 수 있습니다. 다음 절에서 그 해결 방법을 설명합니다.

충돌을 해결한다

section 07

💡 충돌이 발생해도
당황하지 않고 대처

여러 사람이 같은 파일의 같은 위치에 변경을 가한 경우 충돌이 일어날 수 있습니다.
VSCode상에서 해결하는 방법을 설명합니다.

충돌이란

여러 명이 작업하다 보면 같은 파일에 각기 다른 변경을 가할 수 있습니다. 같은 파일이라도 장소가 떨어져 있으면 Git이 잘 맞춰 주지만 자동으로 판단할 수 없는 경우는 **충돌**이 발생합니다.

실제로 충돌을 일으켜 봅시다. VSCode에서 로컬 리포지토리의 sample.html을 편집하고 커밋만 하고 동기화하지 않고 방치합니다.

❶ 파일의 일부를 변경
❷ 커밋한다

다음에 GitHub의 리포지토리에서 같은 파일의 같은 위치를 변경합니다.

```
1    <!DOCTYPE html>
2    <html lang="en">
3      <head>
4        <meta charset="UTF-8" />
5        <meta name="viewport" content="width=device-width, initial-scale=1.0" />
6        <title>Document</title>
7        <link rel="stylesheet" href="sample.css" />
8      </head>
9      <body>
10       This is remote repository.
11     </body>
12   </html>
13
```

❸ 파일의 같은 위치를 변경

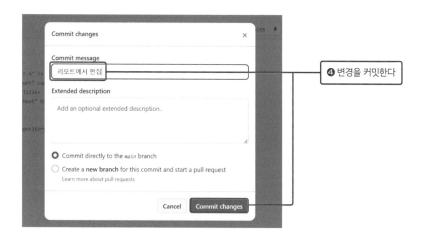

이로써 같은 장소에 대해 다른 변경이 커밋된 상태가 되었습니다. 이 상태에서 동기화(푸시/풀)를 실행하면 충돌이 발생합니다. 대상 파일이 자동으로 열립니다.

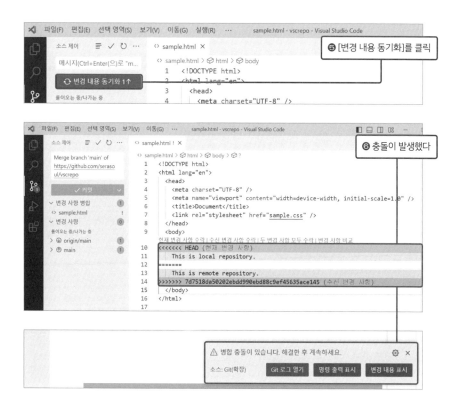

충돌을 해결한다

충돌을 일으킨 부분은 이쪽(로컬) 측의 변경 내용이 위(Current Change)에, 리모트 측의 변경 내용이 아래(Incoming Change)에 표시되어 있습니다. 이 부분을 수정하여 올바른 상태로 한 다음에 커밋합니다.

```
 7        <link rel="stylesheet" href="sample.css" />
 8        </head>                                              ❶ 해결 방법을 선택
 9        <body>
          현재 변경 사항 수락 | 수신 변경 사항 수락 | 두 변경 사항 모두 수락 | 변경 사항 비교
10        <<<<<<< HEAD (현재 변경 사항)
11          This is local repository.
12        =======
13          This is remote repository.
14        >>>>>>> 7d7518da50202ebdd990ebd88c9ef45635ace145 (수신 변경 사항)
15        </body>
16        </html>
```

충돌한 부분의 위에 옅은 회색으로 4개의 선택지가 표시되어 있으며 이를 클릭하여 해결할 수도 있습니다.

- 현재 변경 사항 수락(Accept Current Change)
- 수신 변경 사항 수락(Accept Incoming Change)
- 두 변경 사항 모두 수락(Accept Both Change)
- 변경 사항 비교(Compare Changes)

[두 변경 사항 모두 수락]을 클릭한 경우, 다음과 같이 양쪽 변경이 남습니다.

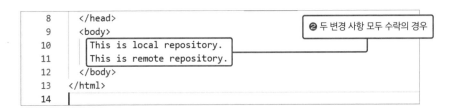

```
 8        </head>                                          ❷ 두 변경 사항 모두 수락의 경우
 9        <body>
10          This is local repository.
11          This is remote repository.
12        </body>
13        </html>
14
```

이번은 이것으로 충돌이 해결된 것으로 하고 커밋합시다. 파일을 덮어써 저장하고 나서 소스 제어 뷰의 「변경 사항 병합」의 아래에 표시되어 있는 파일을 스테이징합니다.

이미 「Merge branch⋯」라는 커밋 메시지가 들어 있으므로 그대로 커밋하고 리모트 리포지토리와 동기화합니다.

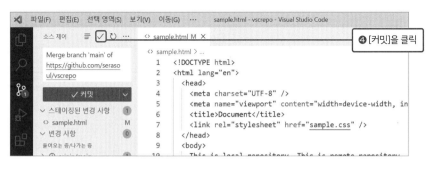

이로써 충돌이 해결되어 로컬과 리모트의 리포지토리가 같은 상태가 되었습니다. 타임라인을 보면 양쪽의 커밋과 머지 커밋을 확인할 수 있습니다.

section
08

#표준 기능 / #브랜치

브랜치에서 커밋 이력을 분기시킨다

브랜치 생성부터 머지까지

큰 기능 추가 등을 하는 경우는 브랜치를 생성하여 작업할 수 있습니다. 여기에서는 브랜치의 기본 조작을 설명합니다.

브랜치를 생성한다

브랜치는 커밋 이력을 분기시키는 기능입니다. 프로젝트에 큰 변경을 가할 때 등에 브랜치를 작성해 두면, 브랜치 단위로 적용/거부를 결정할 수 있습니다. 이번에는 CSS 편집을 별도 브랜치에서 하기로 하고, 브랜치의 기본 조작을 시도해 봅시다.

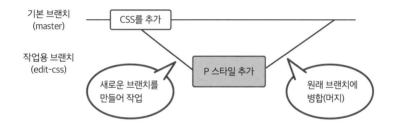

또한, 브랜치의 생성이나 전환을 할 때는 가급적 모든 변경을 커밋한 상태로 행해 주세요. 그렇지 않으면, 커밋하지 않은 변경이 손실되는 경우가 있습니다(변경을 잠시 미루는 기능도 있지만 사용법이 어렵습니다).

VSCode의 상태 표시줄에 현재 브랜치가 표시되어 있습니다. 브랜치를 생성하거나 전환할 때는 여기를 클릭합니다. 소스 제어 뷰의 메뉴나 명령 팔레트에서도 조작할 수 있지만 상태 표시줄에서의 조작이 가장 간편합니다.

❶ 현재 브랜치를 클릭

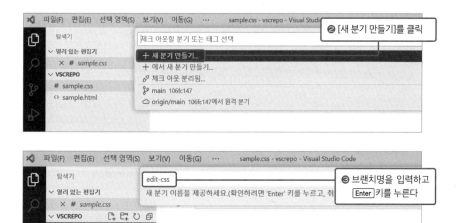

❷ [새 분기 만들기]를 클릭

❸ 브랜치명을 입력하고 Enter 키를 누른다

❹ 상태 표시줄의 현재 브랜치가 변경된다

이대로 style.css를 편집하고 커밋해 봅시다.

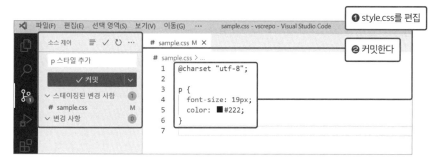

❶ style.css를 편집

❷ 커밋한다

브랜치를 머지한다

아직 1회밖에 커밋하지 않았지만 CSS 편집이 끝난 것으로 하고 기본 브랜치에 **머지(병합)**합시다. 일단, edit-css 브랜치에서 기본 master 브랜치로 전환합니다.

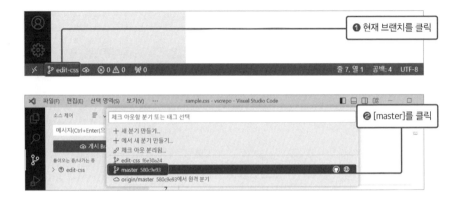

master 브랜치로 전환하면 조금 전 sample.css에 커밋한 내용이 사라집니다. 아직 머지 전이므로 edit-css 브랜치에서 했던 변경이 반영되지 않았습니다.

소스 제어 뷰의 메뉴에서 [분기 병합]을 선택합니다.

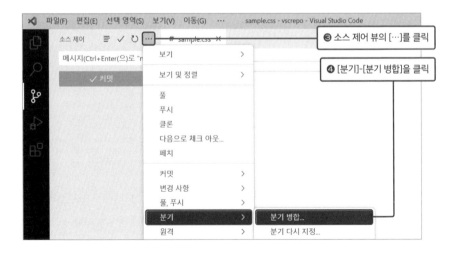

edit-css 브랜치를 master 브랜치에 가져온(병합한) 결과, edit-css 브랜치에서 행한 sample.css의 변경 내용이 반영되었습니다.

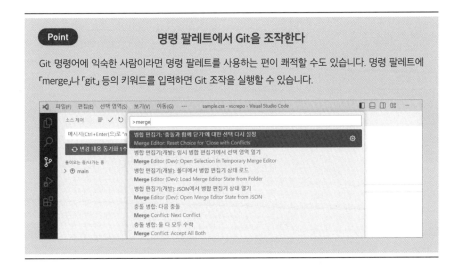

Point **명령 팔레트에서 Git을 조작한다**

Git 명령어에 익숙한 사람이라면 명령 팔레트를 사용하는 편이 쾌적할 수도 있습니다. 명령 팔레트에 「merge」나 「git」 등의 키워드를 입력하면 Git 조작을 실행할 수 있습니다.

#확장 / #브랜치

풀 리퀘스트를 이용하여
브랜치를 머지한다

풀 리퀘스트로
리뷰를 의뢰

풀 리퀘스트는 GitHub의 기능 중 하나로 브랜치를 머지하기 전에 공동 편집자에게 확인을
받을 수 있습니다.

풀 리퀘스트란

앞에서 「문제가 없으면 브랜치를 머지한다」라고 설명했는데, 공동으로 개발하고 있
는 경우, 「문제가 없다」는 것을 서로 이야기해야 합니다. 이를 위한 기능이 **풀 리퀘스트**
입니다. 이것은 Git이 아닌 GitHub의 기능으로 브랜치를 머지하기 전에 일단 보류해 두
었다가 확인(리뷰)의 결과 문제가 없다는 것을 알게 되면 머지를 실행합니다.

다음은 GitHub상의 풀 리퀘스트의 예입니다. 예이므로 혼자 리뷰하고 수정, 머지하
고 있으나 보통은 여러 명이 리뷰합니다.

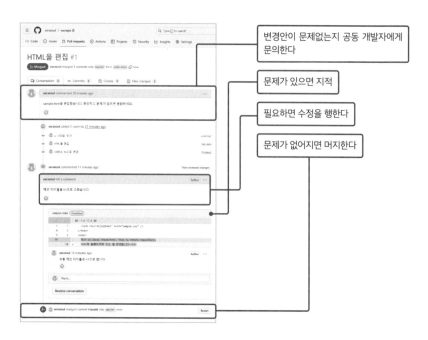

변경안이 문제없는지 공동 개발자에게
문의한다

문제가 있으면 지적

필요하면 수정을 행한다

문제가 없어지면 머지한다

일반적으로 풀 리퀘스트는 GitHub 페이지 상에서 이용하지만 **Github Pull Requests 확장**을 설치하면 VSCode 상에서 풀 리퀘스트를 이용할 수 있게 됩니다.

Marketplace에서 Github Pull Requests를 검색

기능 확장을 설치하면 작업 표시줄에 GitHub 아이콘이 추가됩니다. 이 **GitHub 뷰**에서 처음으로 VSCode와 GitHub의 연동 설정을 합니다.

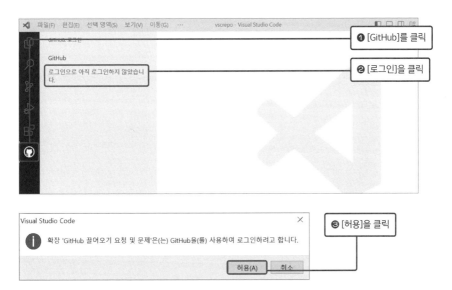

연동 설정이 완료되면 현재 열려 있는 리포지토리의 풀 리퀘스트와 이슈를 확인할 수 있게 됩니다. 이슈 기능은 그다지 편리하지 않으므로 생략합니다.

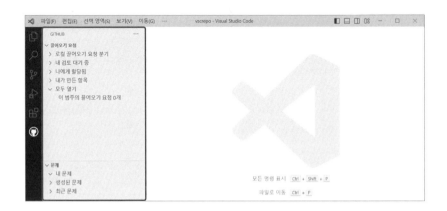

풀 리퀘스트를 생성한다

풀 리퀘스트를 생성하려면 먼저 작업용의 브랜치를 자르고 거기에 변경을 커밋합니다. 흐름에 따라서 해 봅시다.

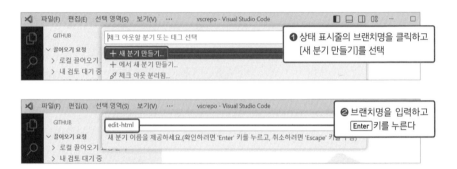

파일을 변경하고 커밋합니다.

작업이 어느 정도 끝나고 모두 커밋했으면 풀 리퀘스트를 만듭시다. GitHub 뷰에서
조작합니다.

역주 VScode의 오른쪽 아래에 나오는 [끌어오기 요청 만들기…] 버튼을 눌러도 됩니다

GitHub Pull Requests 뷰가 표시됩니다. 원본 브랜치나 추가처의 브랜치가 잘못된 것은 아닌지 확인하고 설명(DESCRIPTION)을 입력합니다.

탭이 추가되고 거기에 풀 리퀘스트의 정보가 표시됩니다.

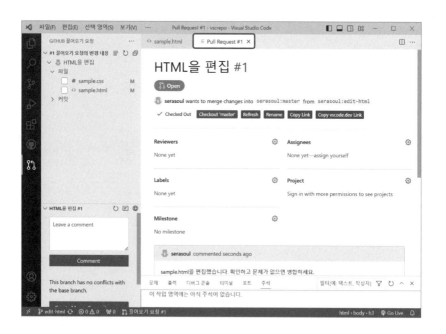

이 단계에서 GitHub 상의 리모트 리포지토리를 표시하면 풀 리퀘스트가 추가되어 있는 것을 확인할 수 있습니다.

제안된 변경을 리뷰한다

풀 리퀘스트에서 제안된 변경을 확인하는 작업을 **리뷰**라고 합니다. 풀 리퀘스트를 생성하면 VSCode는 **리뷰 모드**로 전환되고 파일에 코멘트를 붙일 수 있습니다.

특정 행에 코멘트를 붙이려면 행 번호의 옆 근처에 마우스 포인터를 맞추면 [+] 마크 가 표시되므로 그대로 클릭합니다.

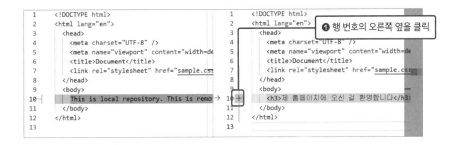

리뷰 코멘트는 자동으로 GitHub와 동기화되므로 공동 작업자도 확인할 수 있습니다.

리뷰 코멘트에 대응한다

리뷰 코멘트를 보고 그 지적이 납득할 수 있는 것이라면 파일을 수정합시다. 풀 리퀘스트의 브랜치에 하던대로 파일을 수정하고 커밋합니다.

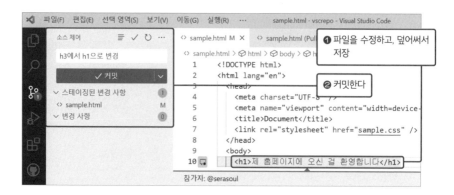

❸ [변경 내용 동기화]를 클릭

수정한 것을 코멘트해 둡시다. GitHub Pull Requests 뷰에 코멘트를 달겠습니다.

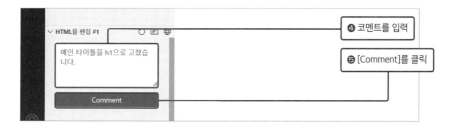

❹ 코멘트를 입력

❺ [Comment]를 클릭

게시한 코멘트는 GitHub Pull Requests 뷰에서 풀 리퀘스트를 선택하면 확인할 수 있습니다. 물론 GitHub 상에서도 확인할 수 있습니다.

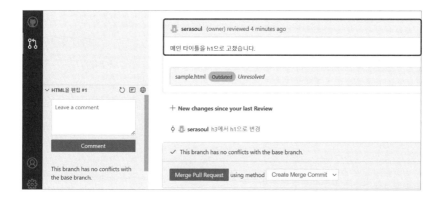

풀 리퀘스트를 머지한다

변경에 문제가 없다면 풀 리퀘스트를 머지합시다. GitHub Pull Requests 뷰에서 [Create Merge Commit]을 클릭합니다.

❶ [Create Merge Commit]을 클릭

풀 리퀘스트에 사용한 브랜치는 더 이상 불필요하므로 삭제합니다.

❷ [Delete branch]를 클릭

❸ [확인]을 클릭

이것으로 풀 리퀘스트 작업이 모두 끝났습니다. 풀 리퀘스트는 닫힌 상태가 되며 작업 표시줄에서 GitHub Pull Requests 아이콘도 사라집니다.

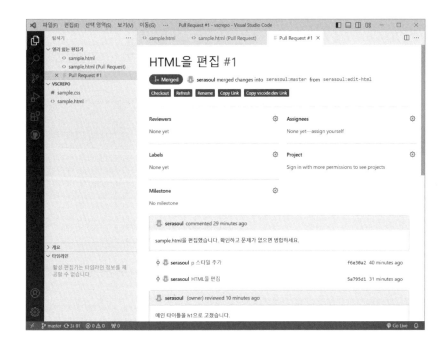

GitHub 상에서 공동 작업하는 경우 풀 리퀘스트를 사용하지 않고 브랜치를 머지하는 일은 거의 없습니다. 대부분의 작업은 풀 리퀘스트를 이용하여 상의하면서 진행합니다. 이 책에서는 VSCode상에서의 조작만 설명했지만 GitHub 상에서의 풀 리퀘스트의 사용법도 체험해 두는 것을 추천합니다. 화면은 다르지만 리뷰하고, 수정을 커밋하고, 마지막으로 머지하고 브랜치를 삭제하는 흐름은 바뀌지 않습니다.

section
10

GitLens 확장으로 더욱
Git을 편리하게 한다

Git을 더욱
쾌적하게 사용한다

GitLens는 Git을 보조하는 기능을 추가해 주는 아주 편리한 확장입니다. Git에 익숙해지면
꼭 사용해 보세요.

GitLens 확장으로 할 수 있는 일

표준 소스 제어 뷰를 사용하다 보면 왜 그 자리에서 커밋 이력을 확인하거나 브랜치
를 전환할 수 없는지에 대한 불만을 느낄 때가 있습니다. 이 불만을 해결해 주는 것이
GitLens(깃렌즈) 확장입니다. 이것을 설치하면 소스 제어 뷰가 대폭 강화됩니다.

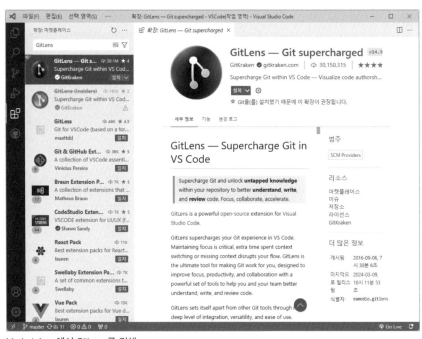

Marketplace에서 GitLens를 검색

설치하면 작업 표시줄에 GitLens 아이콘이 추가됩니다.

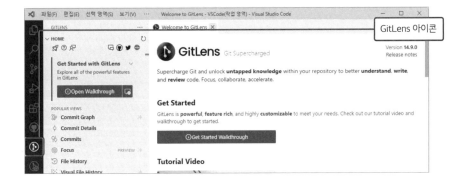

다만 이 뷰에서 설정할 수 있는 것은 GitLens 기능의 온/오프뿐입니다. 주요 기능은 소스 제어 뷰에 추가됩니다.

소스 제어 뷰로 전환하면 사이드 바의 아랫부분에 7개의 뷰가 추가되어 있습니다.

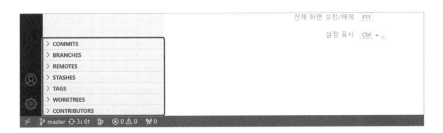

뷰 이름	기능
COMMITS	전체 커밋 이력을 확인할 수 있다
BRANCHES	브랜치 일람을 표시하고 전환할 수 있다
REMOTES	리모트 리포지토리의 정보를 확인, 설정할 수 있다
STASHES	스태시(변경을 잠시 미루는 기능)를 이용할 수 있다
TAGS	커밋에 붙인 태그 일람을 표시할 수 있다
WORKTREES	여러 작업 디렉터리에서 하나의 리포지토리를 공유할 수 있다
CONTRIBUTORS	커밋한 사람을 확인할 수 있다

GitLens의 주요 기능을 소개합니다.

커밋 이력을 확인한다

COMMITS 뷰에 의해 소스 제어 뷰에서 커밋 이력을 확인할 수 있습니다. 표준 타임 라인 뷰에서는 선택 중인 파일에 대한 커밋 이력만 볼 수 있었지만 COMMITS 뷰에는 과거의 모든 커밋 이력이 표시됩니다.

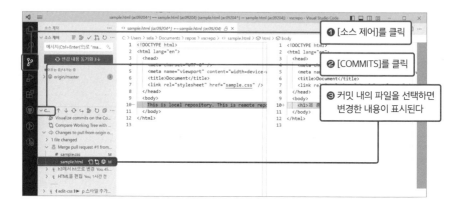

브랜치 일람을 표시한다

BRANCHES 뷰는 브랜치 일람을 표시할 뿐만 아니라 전환·생성·풀 리퀘스트도 할 수 있습니다.

전환하고 싶은 브랜치명에 마우스 포인터를 맞추고, [Switch to Branch]를 클릭하면 그 브랜치로 전환할 수 있습니다.

> COMMITS
> BRANCHES (2)
> master 3↓ 0↑ ⇄ origin/... ▼ ✓
> edit-css 1...

[Switch to Branch]를 클릭

또한, [Create Branch](+아이콘)로 새 브랜치를 생성할 수 있습니다. 또 풀 리퀘스트를 생성할 수도 있습니다.

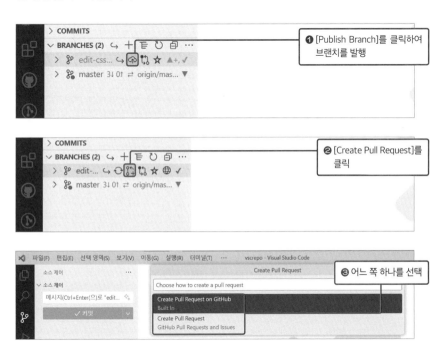

> COMMITS
> BRANCHES (2)
> edit-css... ☆ ▲+, ✓
> master 3↓ 0↑ ⇄ origin/mas... ▼

❶ [Publish Branch]를 클릭하여 브랜치를 발행

> COMMITS
> BRANCHES (2)
> edit-... ☆ 🌐 ✓
> master 3↓ 0↑ ⇄ origin/mas... ▼

❷ [Create Pull Request]를 클릭

파일(F) 편집(E) 선택 영역(S) 보기(V) 이동(G) 실행(R) 터미널(T) ⋯   vscrepo - Visual Studio Code

소스 제어   ⋯
∨ 소스 제어
메시지(Ctrl+Enter(으)로 "edit...
✓ 커밋

Create Pull Request

Choose how to create a pull request

Create Pull Request on GitHub
Built In

Create Pull Request
GitHub Pull Requests and Issues

❸ 어느 쪽 하나를 선택

마지막으로 명령 팔레트에서 선택하는 것은 풀 리퀘스트의 생성을 GitHub의 페이지 상에서 시행할지(BuiltIn), 아니면 GitHub Pull Requests and Issues 기능 확장을 이용할 것인지입니다. 둘 중 원하는 쪽을 선택해도 됩니다.

커밋을 검색한다

커밋이 늘어나서 원하는 것을 찾기 어려워지면 Git Lens Inspect의 **SEARCH & COMPARE 뷰**를 사용해 봅시다. 커밋 메시지나 커밋한 사용자 이름으로 검색할 수 있습니다.

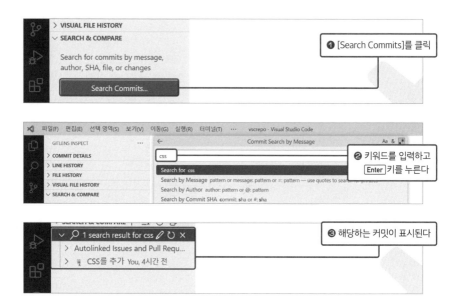

새로운 검색을 하고 싶다면 [Clear Results]를 클릭합니다.

행마다 변경 정보를 표시한다

파일을 살펴보다 우연히 이상한 기술을 보게 되면 누가 언제 이런 변경을 했는지 알고 싶어질 수 있습니다. 그럴 때 도움이 되는 것이 Current Line Blame 기능입니다.

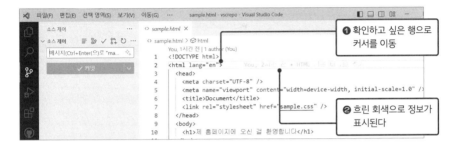

그 행에 대해 변경이 이루어진 커밋이나 어떤 변경이 이루어졌는지, 누가 언제 변경했는지(자기 자신의 경우는 You)와 같은 정보를 확인할 수 있습니다.

Blame 기능은 Git 명령어나 GitHub에도 있지만 확인하기가 조금 번거로웠습니다. 그것을 바로 확인할 수 있는 것이 GitLens의 편리한 점입니다.

section
11

온라인 버전 VSCode를 이용한다

GitHub의 직접 편집을 쉽게

Visual Studio Code for the Web은 웹 브라우저 내에서 동작하는 VSCode입니다. GitHub의 리포지토리뿐만 아니라 컴퓨터 내의 파일도 편집할 수 있습니다.

데스크톱 버전과 거의 동일한 기능을 가진 온라인 버전

2021년 10월에 발표된 **Visual Studio Code for the Web**(이후 온라인 버전 VSCode) 은 웹 브라우저상에서 움직이는 웹 앱이면서 데스크톱 버전과 거의 같은 기능을 가집 니다. VSCode는 원래 Javascript로 개발되었다고는 하지만 데스크톱과 웹 브라우저의 환경 차이를 생각하면 경이롭습니다.

이 책의 번역 시점(2023년 12월)에서는 온라인 버전에는 몇 가지 제한이 있습니다. 우선, 설치할 수 없는 확장이 있습니다. 설치할 수 없는 확장은 회색으로 표시됩니다.

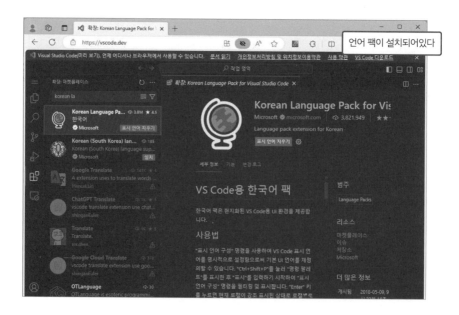

언어 팩이 설치되어있다

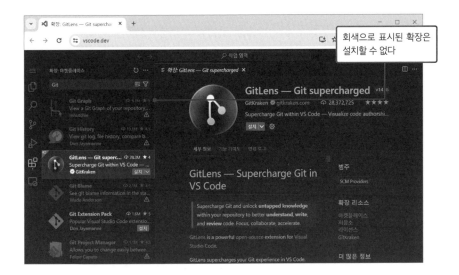

회색으로 표시된 확장은
설치할 수 없다

그 밖에 메뉴 조작 방법이 다른 점이나 터미널을 사용할 수 없고 빌드 및 디버그를
할 수 없는 점 등이 눈에 띄는 차이입니다.

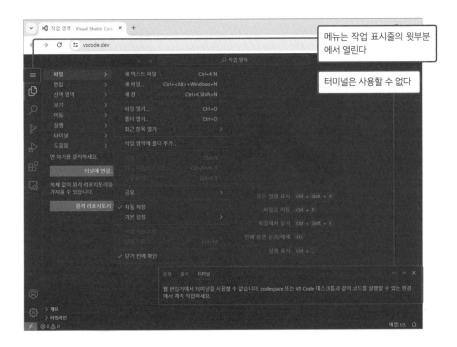

메뉴는 작업 표시줄의 윗부분
에서 열린다

터미널은 사용할 수 없다

온라인 버전에서 컴퓨터 내의 파일을 편집한다

온라인 버전 VSCode의 이용 방법은 Edge나 Chrome 등의 웹 브라우저에서 「https://vscode.dev」로 접속하는 것뿐입니다. 사용자 등록할 필요 없이 바로 사용할 수 있습니다. 탐색기 뷰의 [폴더 열기]를 클릭하여 컴퓨터 내의 폴더를 열 수 있습니다 (메뉴에는 폴더 열기라는 항목은 없습니다).

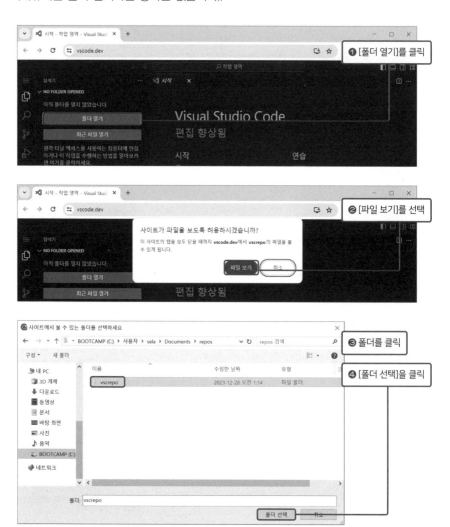

폴더를 열 때 허가를 요청받았던 것과 마찬가지로 파일을 편집하고 저장할 때도 허가가 요청됩니다. 일단 허가하면 온라인 버전 VSCode를 닫을 때(즉 웹 브라우저의 탭을 닫기)까지 유효합니다.

[변경사항 저장]을 클릭하면 저장할 수 있게 된다

재미있게도 로컬 리포지토리를 열고 있어도 Git 기능은 이용할 수 없습니다. 파일을 변경한 후의 커밋, 푸시 등의 조작은 데스크톱 버전에서 시행해야 합니다. 따라서 로컬 리포지토리를 편집하기보다는 다음에 설명하는 것처럼 리모트 리포지토리에 직접 편집하는 편이 편리할 것입니다.

온라인 버전에서 GitHub의 리포지토리를 연다

탐색기 뷰나 소스 제어 뷰의 [원격 리포지토리 열기]를 클릭하면 GitHub상의 리모트 리포지토리를 열 수 있습니다.

처음에는 GitHub에 접근할 수 있는 허가를 해야 합니다. 일단 허가하면 온라인 버전을 닫을 때까지 유효화됩니다.

리모트 리포지토리가 열렸습니다. 컴퓨터 내의 폴더를 열었을 때와 마찬가지로 파일을 편집할 수 있습니다.

리모트 리포지토리에 대한 변경은 소스 제어 뷰에서 커밋할 수 있습니다.

❶ [소스 제어]를 클릭

❷ 커밋 메시지를 입력하고 커밋

다른 사람의 커밋이 즉시 반영되지 않은 경우는 상태 표시줄의 갱신 아이콘을 클릭해 보세요.

상태 표시줄의 갱신 아이콘을 클릭

리모트 리포지토리의 직접 파일 편집에 최적

실은 GitHub상의 리포지토리라면 더 쉽게 열 수 있는 방법이 있습니다. 리포지토리 URL의 「github.com」의 앞에 「vscode.dev/」를 붙여주면 됩니다. 그것만으로 온라인 버전 VSCode에서 리포지토리를 열 수 있습니다.

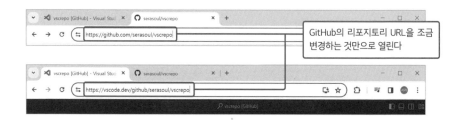

온라인 버전 VSCode에는 여러 제한이 있지만, 최소한 텍스트 편집에 관해서는 데스크톱 버전과 동등한 기능을 이용할 수 있습니다. 출장지 등에서 VSCode가 설치되어 있지 않은 컴퓨터에서 편집해야 하는 경우에 유용할 것입니다. 또한 웹 브라우저만 있는 Chromebook에서도 이용할 수 있으므로 메인 텍스트 에디터로서 유용할 것입니다.

특히 힘을 발휘하는 것은 GitHub상의 파일을 손쉽게 편집하고 싶은 경우일 것입니다. GitHub의 파일 편집(P.229 참조)에 비해 훨씬 뛰어난 편집 기능을 제공합니다. 「리모트 리포지토리의 파일은 로컬로 클론하고 나서 편집하는 것」이라는 상식을 뒤엎을 수 있는 잠재력을 가지고 있다고 할 수 있습니다.

Appendix

주요
단축키&
설정 일람

주요 단축키 일람

기본 조작

Windows	Mac	설명
Ctrl + Shift + P	command + shift + P	명령 팔레트를 연다
Ctrl + P	command + P	퀵 오픈을 연다
Ctrl + ,	command + ,	사용자 화면 설정을 연다
Ctrl + K → Ctrl + S	command + K → command + S	키보드 단축키를 연다
Ctrl + Shift + W	command + shift + W	VSCode를 닫는다

기본적인 편집 작업

Windows	Mac	설명
Ctrl + X	command + X	잘라내기
Ctrl + C	command + C	복사
Alt + ↑ 또는 ↓	option + ↑ 또는 ↓	커서가 있는 행을 위 또는 아래로 이동
Shift + Alt + ↑ 또는 ↓	shift + option + ↑ 또는 ↓	커서가 있는 행을 위 또는 아래로 복사
Ctrl + Shift + K	command + shift + K	행을 삭제
Ctrl + Enter	command + enter	아래에 행을 삽입
Ctrl + Shift + Enter	command + shift + enter	위에 행을 삽입
Ctrl + Shift + \	command + shift + \	대응하는 괄호로 이동
Ctrl +] 또는 [	command +] 또는 [	들여쓰기를 넣거나 뺀다
Home 또는 End	fn + ← 또는 →	행 맨 앞 또는 행 끝으로 이동
Ctrl + Home 또는 End	command + ↑ 또는 ↓	파일의 앞 또는 마지막 행으로 이동
Ctrl + ↑ 또는 ↓	ctrl + fn + ↑ 또는 ↓	행 단위로 스크롤한다
Alt + PgUp 또는 PgDn	command + fn + ↑ 또는 ↓	페이지 단위로 스크롤한다
Ctrl + Shift + [	command + option + [	블록을 접는다
Ctrl + Shift +]	command + option +]	접힘을 해제한다
Ctrl + /	command + /	행 주석을 새로 바꾼다
Alt + Z	option + Z	문자 줄바꿈 설정을 새로 바꾼다

검색과 바꾸기

Windows	Mac	설명
Ctrl + F	command + F	검색한다
Ctrl + H	option + command + F	바꾼다
F3	command + G	다음 검색 결과로 이동
Shift + F3	command + shift + G	이전 검색 결과로 이동
Alt + Enter	option + enter	검색에 매치된 전부를 선택

멀티 커서와 선택

Windows	Mac	설명
Alt + 클릭	option + 클릭	커서 추가
Ctrl + Alt + ↑ 또는 ↓	option + command + ↑ 또는 ↓	커서를 위에 추가
Ctrl + U	command + U	마지막 커서 조작을 취소한다
Shift + Alt + I	shift + option + I	선택한 행 끝에 커서를 추가
Ctrl + L	command + L	행을 선택한다
Ctrl + Shift + L	command + shift + L	현재의 선택과 동일한 출현을 모두 선택한다
Ctrl + F2	command + F2	커서가 있는 단어와 같은 출현을 모두 선택한다
Shift + Alt + ← 또는 →	Ctrl + shift + command + ← 또는 →	선택을 확대 또는 축소한다
Shift + Alt + 마우스 드래그	shift + option + 마우스 드래그	직사각형 선택을 한다

내비게이션

Windows	Mac	설명
Ctrl + T	command + T	작업 영역 내의 심볼로 이동한다
Ctrl + G	command + G	지정 행으로 이동한다
Ctrl + Shift + O	command + shift + O	파일 내의 심볼로 이동한다
F8 또는 Shift + F8	F8 또는 shift + F8	다음 또는 이전의 오류로 이동한다
Alt + → 또는 ←	ctrl + ⎵ 또는 ctrl + ⎯	앞으로 나아가거나 이전으로 되돌아간다

편집기 관리

Windows	Mac	설명
Ctrl + W	command + W	탭을 닫는다
Ctrl + K → Ctrl + W	command + K → command + W	모든 탭을 닫는다
Ctrl + Shift + T	command + shift + T	닫힌 탭을 다시 연다
Ctrl + K → F	command + K → F	폴더를 닫는다
Ctrl + \	ctrl + option + command + \	편집기를 분할한다
Ctrl + 1 또는 2 또는 3	command + 1 또는 2 또는 3	지정한 번호의 편집기 그룹에 포커스한다
Ctrl + K → Ctrl + ← 또는 →	command + K → command + ← 또는 →	좌우의 편집기 그룹에 포커스한다
Ctrl + Shift + Page Up 또는 Page Down	command + K → command + shift + ← 또는 →	탭을 좌우로 이동시킨다
Ctrl + Page Up 또는 Page Down	option + command + ← 또는 →	탭 이동을 한다

파일 관리

Windows	Mac	설명
Ctrl + N	command + N	이름 없는 파일을 신규 생성
Ctrl + O	command + O	파일을 연다
Ctrl + R	ctrl + R	최근 열린 항목의 이력을 연다
Ctrl + S	command + S	파일을 저장
Ctrl + Shift + S	command + shift + S	파일에 이름을 붙여 저장
Ctrl + K → S	command + option + S	모든 파일을 저장
Ctrl + K → P	command + K → P	파일의 경로를 복사
Ctrl + K → R	command + K → R	파일을 탐색기(파인더)로 연다

표시

Windows	Mac	설명
F11	ctrl + command + F	전체 화면 전환
Shift + Alt + 0	option + command + 0	에디터 레이아웃 전환
Ctrl + + 또는 −	command + Shift + + 또는 command + −	줌인, 줌아웃
Ctrl + B	command + B	사이드 바 표시의 전환
Ctrl + Shift + E	command + shift + E	탐색기를 표시한다, 포커스 전환
Ctrl + Shift + F	command + shift + F	검색 뷰를 연다
Ctrl + Shift + G	command + shift + G	소스 제어를 연다, 포커스 전환
Ctrl + Shift + D	command + shift + D	디버깅 뷰를 연다, 포커스 전환
Ctrl + Shift + X	command + shift + X	확장 뷰를 연다, 포커스 전환
Ctrl + Shift + H	command + shift + H	검색 뷰(치환)를 연다
Ctrl + Shift + J	command + shift + J	검색 뷰에서 검색 상세를 전환
Ctrl + Shift + U	command + shift + U	출력 패널을 연다
Ctrl + Shift + V	command + shift + V	Markdown 미리 보기를 연다
Ctrl + K → V	command + K → V	Markdown 미리 보기를 옆으로 연다
Ctrl + K → Z	command + K → Z	Zen 모드 전환

주요 설정 일람

editor.autoClosingBrackets

사용자가 왼쪽 대괄호를 추가할 때 자동으로 오른쪽 대괄호를 삽입할지 여부를 제어

설정값	설명
always	항상 괄호를 닫는다
languageDefined	언어 설정을 이용하여 언제 자동으로 괄호를 닫을 것인지 결정한다
beforeWhitespace	커서가 공백 문자 왼쪽에 있을 때만 괄호를 자동으로 닫는다
never	자동으로 괄호를 닫지 않는다

editor.bracketPairColorization. enabled

대괄호 쌍의 채색을 유효로 할지 제어

editor.cursorBlinking

커서 애니메이션 방식을 제어

설정값	설명
blink	뚜렷하게 점멸한다
smooth	매끄럽게 점멸한다
phase	단계적으로 점멸한다
expand	확대하도록 점멸한다
splid	점멸하지 않는다

editor.cursorStyle

커서 스타일을 설정

텍스트	텍스트
line	세로줄
block	블록
underline	밑줄
line-thin	line보다 가늘다
block-outline	block의 바깥쪽 테두리만
underline-thin	underline보다 가늘다

editor.multiCursorPaste

붙여넣은 텍스트의 행 수가 커서 행과 일치하는 경우 붙여넣기를 제어

설정값	설명
spread	커서마다 텍스트를 1행씩 붙여넣는다
full	각 커서에 전문을 붙여넣는다

editor.wordWrap

행을 바꾸는 방법을 제어

설정값	설명
off	행을 줄바꿈하지 않는다
on	행을 편집기의 끝에서 줄바꿈한다
wordWrapColumn	「editor.wordWrapColumn」으로 행을 줄바꿈한다
bounded	편집기와 「editor.wordWrapColumn」의 최솟값으로 행을 줄바꿈한다

editor.tabSize

하나의 탭에 할당되는 스페이스의 수를 제어

editor.renderWhitespace

Tab 키를 눌렀을 때 스페이스를 삽입할지
여부를 제어

editor.renderWhitespace

편집기에서 공백 문자 표시할지 여부를 제어

설정값	설명
none	공백 문자를 표시하지 않는다
boundary	단어 간의 단일 스페이스 이외의 공백 문자 표시
selection	선택한 텍스트에만 공백 문자를 표시
trailing	끝의 공백 문자만 표시
all	모든 공백 문자를 표시

editor.scrollbar.horizontal

수평 스크롤 바의 표시를 제어

설정값	설명
auto	필요에 따라 표시된다
visible	항상 표시된다
hidden	항상 표시되지 않는다

editor.scrollbar.vertical

수직 스크롤 바의 표시를 제어

설정값	설명
auto	필요에 따라 표시된다
visible	항상 표시된다
hidden	항상 표시되지 않는다

editor.wrappingIndent

줄바꿈 행의 들여쓰기를 제어

설정값	설명
none	들여쓰기 않는다
same	부모와 같은 정도로 들여쓴다
indent	부모+1만큼 들여쓴다
deepIndent	부모+2만큼 들여쓴다

editor.lineHeight

행 높이를 제어(P.81 참조)

editor.lineNumbers

행 번호의 표시를 제어(P.82 참조)

editor.fontFamily

글꼴 종류를 제어(P.78 참조)

editor.fontSize

글꼴 크기를 제어(P.80 참조)

editor.fontWeight

글꼴 굵기를 제어

- settings.json에서 지정한다
- 「normal(표준)」 또는 「bold(굵은 글씨)」 키워드나 1~1000 숫자로 지정한다

workbench.colorTheme

배색 테마를 제어(P.91 참조)

editor.minimap.enabled

미니맵을 표시할지 여부 제어

editor.minimap.showSlider

미니맵 슬라이더를 표시하는 타이밍을 제어

설정값	설명
always	항상 표시된다
mouseover	마우스가 영역 안에 들어왔을 때 표시된다

editor.formatOnSave

파일을 저장하는 경우에 포맷할지 제어(포메터가 유효할 때만)

workbench.panel.defaultLocation

패널(단말, 디버그, 콘솔, 출력, 문제)의 기본 표시 장소를 제어

설정값	설명
left	워크벤치의 왼쪽에 표시된다
bottom	워크벤치의 아래에 표시된다
right	워크벤치의 오른쪽에 표시된다

window.newWindowDimensions

새롭게 여는 창의 크기를 제어

설정값	설명
default	화면 중앙에 열린다
inherit	마지막에 활성화했던 창과 같은 크기로 연다
offset	마지막에 활성화했던 창과 같은 크기의 창을 오프셋 위치에서 연다
maximized	최대화한 창을 연다
fullscreen	전체 화면 표시 모드로 연다

explorer.copyRelativePathSeparator

상대 파일 경로를 복사하는 경우에 사용하는 경로 구분 문자를 제어

설정값	설명
/	슬래시를 경로 구분 문자로서 사용
\	백슬래시를 경로 구분 문자로서 사용
auto	OS의 특정 경로 구분 문자를 사용

terminal.integrated.rightClickBehavior

우클릭에 대한 터미널의 반응을 제어

설정값	설명
default	컨텍스트 메뉴를 표시한다
copyPaste	선택 범위가 있는 경우는 복사하고 그 밖의 경우는 붙여넣는다
paste	우클릭 시에 붙여넣는다
selectWord	커서 아래에 있는 단어를 선택하여 컨텍스트 메뉴를 표시한다

INDEX

271

Web·Programming·Git이 쉬워지는

Visual Studio Code Guide
비주얼 스튜디오 코드 가이드

1판 1쇄 발행 2024년 4월 25일

저   자 | 리브로웍스
발 행 인 | 김길수
발 행 처 | ㈜영진닷컴
주   소 | ㈜08507 서울 금천구 가산디지털1로 128
          STX–V타워 4층 401호
등   록 | 2007. 4. 27. 제16-4189호

©2024. ㈜영진닷컴

ISBN | 978-89-314-7538-8

YoungJin.com **Y.**
영진닷컴